Gottfried Bachl

Gott bewegt

Herausgegeben von Alois Halbmayr

Gottfried Bachl

Gott bewegt

Herausgegeben von Alois Halbmayr

echter

Bibliografische Information der Deutschen Nationalbibliothek

Die Deutsche Nationalbibliothek verzeichnet diese Publikation
in der Deutschen Nationalbibliografie; detaillierte bibliografische Daten
sind im Internet über ‹http://dnb.d-nb.de› abrufbar.

www.echter-verlag.de
Umschlag und Satz: Hain-Team, Bad Zwischenahn (www.hain-team.de)
Druck und Bindung: Druckerei Pustet, Regensburg
ISBN 978-3-429-03491-7

Vorwort

Gott bewegt. Nach wie vor rührt dieses große, aber auch immer wieder missbrauchte Wort unzählige Menschen an. Sie finden in ihm Halt, bringen vor ihm ihre Existenz zur Sprache und gehen mit ihm durchs Leben. Wer aber ist dieser Gott, den die Bibel als Freund des Lebens, als großen Gewinnungskünstler vorstellt, der die Freiheit des Menschen möchte und dessen Spuren oft so schwer zu finden sind?

Die Frage nach Gott in all ihren Facetten ist bis heute das zentrale Motiv der jahrzehntelangen Lehr- und Forschungstätigkeit von Gottfried Bachl. Sein theologisches Interesse gilt nicht nur den großen, bekannten Hauptlinien der kirchlichen Tradition, sondern mit gleicher Aufmerksamkeit auch den abgelegenen Wegen, den Fragen und Gedanken, die unabweisbar erscheinen, aber nur im Unterstrom der Überlieferung präsent und wirkmächtig bleiben oder sich überhaupt nicht durchsetzen konnten. Anschaulich führte er etwa in der Gnadenlehre die Voraussetzungen, die theologische Begründung und die beispiellose Wirkungsgeschichte der augustinischen Erbsündenlehre vor Augen. Dieser folgenreiche Gedanke, der in der Bibel nur eine untergeordnete Rolle spielt, ist im Laufe der Theologiegeschichte zu einem Identitätsmerkmal geworden. In immer neuen Anläufen wurde er auf Synoden und Konzilien bestätigt und hat sich als Denkform tief ins katholische Bewusstsein eingegraben. Bis heute sind seine Spuren in der kirchlichen Lehrverkündigung und in unseren Bildern vom Menschen sichtbar. Es gab aber auch andere Lesarten und Interpretationen in dieser wichtigen Frage nach den Möglichkeiten und Grenzen des Menschseins. Gottfried Bachl hat seine Studierenden mit ihnen vertraut gemacht. Das setzt eine souveräne Kenntnis der Tradition ebenso voraus wie die Bereitschaft, ihren verzweigten und oft irritierenden Windungen auf den Grund zu gehen. Mit Vergnügen und Neugier las er die griechischen und lateinischen Kirchenväter und theologischen Autoren im Original.

Weil die Frage nach Gott nicht nur in der eigenen Tradition gestellt, diskutiert und weitergetragen wird, ist ihm der Dialog mit anderen

Diskursen und Interpretationsweisen stets ein großes Anliegen. Hier gilt sein ganz besonderes Interesse der Literatur, nicht nur Klassikern wie Goethe und Schiller, Thomas Mann, Rainer Maria Rilke oder Hugo von Hofmannsthal, sondern auch der Gegenwartsliteratur. Ihre Anfragen an Religion und Glaube wurden nicht als bloßes Missverständnis zurückgewiesen, sondern als Impuls aufgenommen, die Sache des Glaubens immer wieder neu auf den Prüfstand zu stellen: Wie können wir in der modernen Kultur so von Gott reden, dass auch für die Zeitgenossen jenes Abenteuer des Denkens und des Lebens spürbar wird, das mit Gott verbunden ist? Schon früh war sein Denken von jener Wahrheitsvermutung auf der anderen Seite geprägt, die sich heute im Gespräch der Religionen als unabdingbare Grundhaltung für einen fruchtbaren Dialog erweist. Lange bevor das Thema der Religionen, insbesondere das Verhältnis der Kirche zum Judentum, aktuell wurde, hat Gottfried Bachl Vorlesungen über Nostra aetate gehalten und renommierte Judaisten zu Lehrveranstaltungen eingeladen.
1932 in Oberösterreich geboren, studierte Bachl Philosophie und Theologie in Rom. Zehn Jahre hat er dort verbracht und wurde wesentlich durch die Aufbruchsstimmung am Beginn des Konzils geprägt. Wieder nach Österreich zurückgekehrt, war er zunächst Kaplan und Gymnasiallehrer in Wels und nahm 1970 seine Lehrtätigkeit an der Theologischen Hochschule in Linz auf. Später hatte er dort die Professur für Dogmatik inne, ehe er 1983 an die Universität Salzburg berufen wurde. Bis zu seiner Emeritierung 1998 prägte er mehrere Generationen an Studierenden, regte sie zum kritischen Nachdenken und Hinterfragen an. Vor allem aber machte er deutlich, dass man von Gott und der religiösen Wirklichkeit auch anders reden kann, spannend, humorvoll, konkret und in einer Sprache, die auf Erhabenheit verzichtet und mit dem häufig anzutreffenden theologischen Pathos spielt. Aus seinem umfangreichen wissenschaftlichen Werk sind vor allem die Arbeiten über die Eschatologie hervorzuheben. Schon früh hat er mit seinem Buch *Über den Tod und das Leben danach* (Graz 1980) den eschatologischen Diskussionen neue Impulse verliehen: „Die unbedingte Achtung, die Gott

dem Menschen entgegenbringt, indem er ihn zu einer Person erhebt, ihn sein lässt und zur Vollendung führt, nennt die Bibel das *Gericht*" (170). In diesem Buch, das auch in das *Lexikon der theologischen Werke* (2003, 759) aufgenommen wurde, finden sich bereits jene Grundlinien/Konturen seines theologischen Denkens, die noch zu vielen ungewöhnlichen Beiträgen und überraschenden Perspektiven auf die Fragen des Glaubens führen sollten. Neben den wissenschaftlichen Publikationen schrieb Bachl immer wieder auch eine theologische Prosa, die über die Fachwelt hinaus breite Beachtung fand. Aufgrund seiner literarisch anspruchsvollen Texte wurde er 1998 in den Österreichischen P. E. N.-Club aufgenommen. Titel wie *Der beneidete Engel, Gottesbeschreibung, Der beschädigte Eros, Spuren im Gesicht der Zeit, Eucharistie – Macht und Lust des Verzehrens, Mailuft und Eisgang* eröffneten dem interessierten Publikum Zugänge zu so manch vertrackten theologischen Debatten. Sie zeigen auf eindrückliche Weise, dass sich gute Theologie an konkreten Fragen abarbeitet und dennoch präzise, literarisch anspruchsvoll und auf Augenhöhe mit der Zeit die Sache des Glaubens zur Sprache bringen kann.

Sein erfolgreichstes Buch ist *Der schwierige Jesus*, eine Auseinandersetzung mit der Bedeutung Jesu für die gegenwärtige Kirche. Diese Streitschrift im besten Sinne des Wortes ist aus Vorlesungen bei den Salzburger Hochschulwochen 1994 hervorgegangen und hat in kurzer Zeit mehrere Auflagen erfahren. Stück für Stück werden hier die kirchlichen Übermalungen und Funktionalisierungen abgetragen, um wieder zu jenem Jesus vorzustoßen, der als Wanderprediger begonnen und durch sein Leben gezeigt hat, worauf es letztlich ankommt. „Jesu Bitte um das Reich Gottes, das die Erlösung und die Versöhnung, das ewige Leben bringt, ist der wahre, alles zusammenfassende Grundakt seines Denkens, Redens und Handelns. Er ist der Mensch, der seine Existenz in die Bitte um das gelingende Leben mit Gott verwandelt hat" (92).

Für die letzte Vorlesung seiner Lehrtätigkeit an der Universität Salzburg wählte Bachl jenes Thema, mit dem er auch in Linz seine theologische Laufbahn begann, mit *Maria.* Aber welch spektakuläre

Perspektive! Der Untertitel der Vorlesung lautete: *Theologische Auskünfte und Überlegungen zu einer katholischen Variante des Feminismus.* Wie gewohnt ging die Reise immer wieder auch durch das Dickicht der Traditionen und Ansätze. Aber in all diesen Lektüren wurde deutlich, dass die herausragende Stellung Marias in Theologie und Frömmigkeit nur allzu oft aus einem verdunkelten oder ambivalenten Gottesbild resultierte. Wenn Gottes bedingungslose Zuwendung an die Menschen unter den Zweifel gerät, sucht sich das religiöse Bewusstsein andere Sicherheiten und Bestätigungen. Dann wird Maria „zum Medium einer poetischen Rekonstruktion des Gottesbildes". Leider blieb die Vorlesung unveröffentlicht, aber wichtige Grundgedanken hat Gottfried Bachl in *Spuren im Gesicht der Zeit* aufgenommen.

In der säkularisierten Moderne, die Gott verloren hat und ihn zugleich sucht, braucht es neue Sprachen, andere Wege der Argumentation und gewiss auch eine konsequente Aufmerksamkeit auf den, von dem die Bibel bekennt, dass er der Weg, die Wahrheit und das Leben ist (Joh 14,6). Erst im Blick auf Jesus, auf sein ganzes Leben, auf sein Reden und Tun – und nicht bloß im Starren auf sein Leiden und seinen schändlichen Tod – wird ansatzweise sichtbar, wer Gott ist, wofür er einsteht und was es heißt, sich auf ihn und seine Verheißungen einzulassen. Wer sich in diese große Bewegung mit dem notwendigen Mut zum Risiko hineinnehmen lässt, macht unweigerlich neue Erfahrungen und Entdeckungen, erweitert seine Perspektive auf Kirche und Welt.

Die hier vorgelegten Texte sind aus diesem Impuls heraus entstanden. In großer Offenheit und unvergleichlicher Frische diskutieren sie theologische Probleme, greifen Entwicklungen in Kirche und Gesellschaft auf und packen auch schwierige Fragen an. Seit mehr als zehn Jahren veröffentlicht Gottfried Bachl in loser Folge „Lesestücke zum Glauben und zur Zeit, in der wir leben". Über den Katholischen Akademikerverband Salzburg, den er seit vielen Jahren seelsorglich begleitet, wurden diese kleinen Schriften einem interessierten Publikum zur Verfügung gestellt. Anlässlich seines 80. Geburtstags und angesichts des nachhaltigen Interesses wird nun erstmals eine Auswahl dieser Fund-

stücke einem größeren Publikum zugänglich gemacht. Vom Herausgeber wurden sie jeweils mit einer kurzen Einleitung versehen.
Rektor Heinrich Schmidinger und der Universität Salzburg danke ich für die finanzielle Unterstützung des Projekts, Verena Bull für die Mithilfe bei den Korrekturarbeiten und Heribert Handwerk vom Echter Verlag für die gute Zusammenarbeit.

Salzburg, im Frühjahr 2012 Alois Halbmayr

Inhalt

Gedanken zu einem Gedicht von Ricarda Huch

Ein spätes Gedicht der Schriftstellerin Ricarda Huch ist Ausgangspunkt einer Reflexion über das Böse und seine ambivalente Faszination für die Menschen. Die heimliche Lust am Zerstörerischen, das Interesse an seiner Dauer, verdeckt die biblische Botschaft, dass auch das Böse verwandelt und in Gottes Geschichte mit den Menschen nicht das letzte Wort haben wird. Mit diesem Text, der für eine Predigt bei einer Aschermittwochfeier entstanden ist, begannen die „Lesestücke zum Glauben und zur Zeit, in der wir leben."

Mein Herz, mein Löwe

Mein Herz, mein Löwe, hält seine Beute fest,
Sein Geliebtes fest in den Fängen,
Aber Gehasstes gibt es auch,
Das er niemals entlässt
Bis zum letzten Hauch,
Was immer die Jahre verhängen.
Es gibt Namen, die beflecken
Die Lippen, die sie nennen,
Die Erde mag sie nicht decken,
Die Flamme mag sie nicht brennen.
Der Engel, gesandt, den Verbrecher
Mit der Gnade von Gott zu betauen,
Wendet sich ab voll Grauen
Und wird zum zischenden Rächer.
Und hätte Gott selbst so viel Huld,
zu waschen die blutrote Schuld,
Bis der Schandfleck verblasste, –

Mein Herz wird hassen, was es hasste,
Mein Herz hält fest seine Beute,
Dass keiner dran künstle und deute,
Dass kein Lügner schminke das Böse,
Verfluchtes vom Fluche löse.
(Ricarda Huch)

Unter dem Titel *Herbstfeuer* hat die Dichterin Ricarda Huch (1864–1947) 1944 ihren letzten Band Gedichte veröffentlicht. Darin stehen auch die Verse, mit denen ich mich im Folgenden näher auseinandersetzen will.

Es ist ein unerwarteter Frauenton, in dem sie 22 Zeilen anfängt und den sie von der ersten bis zur letzten durchhält. Das Herz der Frau ein Löwe, freilich dieser besonderen Frau. Die Tradition der Sprache, gerade der so genannten gehobenen, poetischen, hat uns daran gewöhnt, das Herz als das süßeste Organ im Menschen anzusehen. Es steht für alles, was wir mit besonderer Innigkeit benennen möchten, als echt, intim, fühlend, zart und wahr, eben als *herzlich* empfunden. Allbekannt sind die geflügelten Herzsätze: *Man sieht nur mit dem Herzen gut* (Saint-Exupéry), *Das Herz hat seine Gründe, die die Vernunft nicht kennt* (Pascal). Goethe setzt in jede Strophe seines berühmten Gedichts *Willkommen und Abschied* einen Vers für das Herz: *Es schlug mein Herz, geschwind zu Pferde!, In meinem Herzen, welche Glut! Ganz war mein Herz an deiner Seite, Verengt der Abschied mir das Herz.* Und gar in der religiösen Welt das *Heiligste Herz Jesu*, das Zentrum des göttlichen Weltgefühls, die unüberbietbare Helle und Wärme! Dagegen setzt Huch die schroffe Gleichung *Das Herz ist der Löwe*, die gefährlichste Katze, das bekannte Raubtier. Das Bild steht für die geballte Energie, für den Menschen in seiner dichtesten Form. Sie wählt diese Metapher, um die reißende, haltende Kraft möglichst einfach und angreifend sagen zu können. Das Gedicht beginnt mit dem Ich-Einsatz, die Leidenschaft der Option sagt sich an, ein starker Wille tritt auf. *Mein Herz, mein Löwe*, das ist ein Ruf, in dem Ansage und Beschwörung ineinanderklingen, es ist so, aber es muss auch gegen jede Aufweichung so bleiben. Der erste Vers bewaffnet das ganze Gedicht.

Der Zweck wird ohne Zögern genannt: Festhalten der Beute. Das gerissene Wild wird nicht mehr losgelassen. Es soll kein Entrinnen sein. Zuerst wird das Gleichnis kurz auf das *Geliebte* angewendet. Liebe als Akt der raubenden Aneignung, als gewalttätig erworbener und festgehaltener Besitz, als Beute fest in den Fängen? Die Leserinnen und Leser haben keine Zeit, einen Streit mit der Dichterin anzufangen, ob denn die Liebe so definiert, so beschrieben werden darf. Denn sie erwähnt das nur, um zum Thema zu kommen, das sie bewegt. Vielleicht klingt auch an, was Ricarda Huch in ihrer Leidenschaft für ihren Schwager und Vetter Richard Huch erlebt hat. Die Erwähnung erinnert immerhin an die Erfahrung, dass der Eros etwas Wildes an sich haben, eine raffende und reißende Gewalt sein kann. Die Redensart, nach der *man jemand zum Fressen gern haben kann*, passt jedenfalls zu dem Gestus, von dem das Gedicht spricht. Das Opfer dieser leidenschaftlichen Ergreifung kommt nicht zu Wort, es wird genommen, gegen alle möglichen Regungen, die es selbst haben kann. Der raubende Eros will festhalten, verschlingen, einverleiben in den Organismus der eigenen Bedürfnisse. So schwingt die erotische Passion zwischen Schrecken und Innigkeit, und der Vers bleibt dabei stehen. Dass an ebendieser Stelle die Kultur der Liebe ansetzt, um aus der Energie des Reißens die Gegenseitigkeit der Freundschaft (Philia, Aristoteles) und der Agape (Bibel) zu gewinnen, davon ist keine Rede.

Denn, wie gesagt, es geht in der Hauptsache um anderes, um das *hassende* Herz mit seiner Beute: *Aber Gehasstes gibt es auch, das er niemals entlässt, bis zum letzten Hauch, was immer die Jahre verhängen.* Das ist die These, die Zusammenfassung des ganzen Gedichts, alle anderen Zeilen erläutern diesen Satz. Darin sind zwei Dinge entscheidend: Es gibt Gegenstände des Hasses, und sie werden nie freigegeben. Die philosophische Ethik, die Psychologie und die theologische Moral haben dazu längst eine Fülle von Beschreibungen und Theorien geliefert, die wir jetzt über das Gedicht werfen könnten. Das würde wahrscheinlich die Aussage eher verdecken als erhellen. Huch kümmert sich nicht um die Archäologie, sondern sagt spontan, was sie immer hassen will. Aus dem unmittelbaren Wortlaut ergibt sich die Vermutung, dass der Hass, den sie meint, auch eine moralische Haltung sein soll, nicht nur die heftige Eruption von Gefühlen der Verneinung, sondern bewusste und schärfste Entschiedenheit gegen das, was sie unausgesprochen *das Böse* nennt.

Die Dichterin verpflichtet sich auf Lebenszeit zu dieser Haltung, unabhängig vom geschichtlichen Wandel, und nicht nur das. Nicht nur die zeitliche Dauer wird definiert, sondern auch die inhaltliche Qualität des Hasses. Dessen Objekt sind *Namen*, also Menschen, handelnde Personen, nicht Ideen oder Programme, sondern Täter. Auf wen zielt sie konkret? Sind es Personen ihres privaten Lebens? Sie erlebte zwei Scheidungen, und ihr war ein leidenschaftliches Temperament zu eigen. Aber der Ton, den sie anschlägt, fährt über die individuellen Empfindungen hinaus. Sie hatte wohl mehr die politische Szene des Dritten Reiches im Auge, und vielleicht überhaupt das Feld der menschlichen Geschichte. Ricarda Huch ist in der Zeit des Nationalsozialismus nicht emigriert, aber sie stand mit ihrer ganzen Überzeugung gegen die Diktatur Hitlers. Sie spricht hier freilich in einer allgemeinen Ausdrucksform, die alle Anwendungen zulässt. Sonst hätte der Text 1944 gewiss nicht erscheinen können. Da sind also die furchtbaren Schandnamen, die gar nicht mehr genannt werden können und dürfen, die nicht mehr sagbaren. Das Negative, das ihnen anhaftet, ist weitaus stärker als die Gutheit derer, die sie in den Mund nehmen könnten. *Judas* war einmal ein solcher Name, oder *Brutus* und *Cassius*, die Caesarmörder, heute sagt alle Welt *Hitler*, mit geringerer Betonung *Stalin*, *Pol Pot*, und viele ähnlich arge könnten gesagt werden, wenn man aufmerksam genug wäre. Ich füge einen Namen hinzu, der immer noch für eine gloriose Größe gehalten wird, aber einer der ärgsten Menschenverwender und -vergeuder gewesen ist: *Napoleon Bonaparte*. Die Verbannung aus der menschlichen Sprache, das alte Mittel der *damnatio memoriae* (der Gedächtnisbann) wird neu angewendet. Diese Namen sind nicht *vergessbar*, nicht unter die Erde zu bringen, kein Lethewasser hilft, sie springen immer wieder hervor. Auch das Feuer ist nicht geeignet, sie zu *vernichten*, sie sind aus Asbest. So ergibt sich ein scharfes Paradox: Die nicht sagbaren Namen widerstehen jeder Anstrengung, die sie aus der

Welt schaffen soll, sie stehen unter dem stärksten Tabu und sind zugleich nicht zu verbergen, allgegenwärtig, wirklich.

Aber vielleicht gibt es höhere Mächte, die dem Bösen gewachsen sind? Ein Engel der Gnade zum Beispiel könnte kommen, um im höchsten Auftrag den Verbrecher zu bearbeiten. Der Engel, das weiß die Dichterin irgendwoher, wird durch die Evidenz des Übels umgedreht, vom Segenbringer zum Rächer. Es ist, als gäbe es in der Gotteswelt eine Verblüffung über das Böse, zumindest auf dieser Etage. So sinnlos und unbewegbar hat man sich das nicht vorgestellt.

Als höchste Steigerung bleibt noch die Möglichkeit Gottes. Sollte die Allmacht nicht stark und liebevoll genug sein? Auch gegen Gott hält das Herz fest am Hass. Beachten Sie den Konjunktiv, in den das Gedicht wechselt. Wenn Gott seine Kraft und Huld anwendet, das Böse wegzuwaschen, wie es bei Jesaja heißt: „Wären eure Sünden auch rot wie Scharlach, sie sollen weiß werden wie Schnee, wären sie rot wie Purpur, sie sollen weiß werden wie Wolle" (1,18) – das Herz lässt das stehen, umgeht diese Arbeit, Gott mag tun, was er will, es folgt unbeirrt seiner eigenen Logik, lässt keine göttliche Ablenkung zu. Die ganze Energie ist auf das Festhalten des Bösen gerichtet, in der imposanten Steigerung von den Elementen, zum Menschen, zu den Engeln und schließlich zu Gott. Niemand darf daran rühren.

Der imperative Schluss diktiert das noch einmal: Verboten ist alles Künsteln, Deuten, Lügen und Schminken. Wir hören ein dogmatisches Bannwort, und es trifft mit gerader Verneinung auch alle religiösen Worte, die eine Überwindung des Bösen ansagen, zum Beispiel die Bitte aus dem Vaterunser: *Vergib uns unsere Schuld wie auch wir vergeben unseren Schuldigern.* Daher die Wiederholung: Das Löwenherz hält seine Beute zwischen Tatzen fest. Es darf keinen Ausweg und kein Gutwerden geben. Am Schluss steht deshalb zweimal das Wort *Fluch.* Huch verzichtet darauf, die Bedeutung dieses großen Ausdrucks mit Hilfe der überlieferten Phantasie auszumalen. Sie kann damit rechnen, dass die Vokabel in seiner Endgültigkeit klar genug spricht und so verstanden wird. *Fluchen* heißt, das Böse im sittlichen Abscheu nennen und verwerfen, es an seinen Ort bringen und dort festmachen, die Hölle nicht nur postulieren, sondern produzieren.

Die Rückfrage des Glaubens

Wir lassen uns durch den befehlenden Ton der Dichterin nicht davon abhalten, eine Frage zu stellen, die aus dem Interesse des Glaubens kommt, aber auch von der Erfahrung nahegelegt wird.
Ich erinnere zuerst an die Botschaft der Märchen. Sie spricht immer für die Ewigkeit des Fluches. Der böse Wolf bekehrt sich nicht, es bemüht sich auch keine Märchenperson um ihn, alle Zauberkunst ist auf seine Vernichtung gerichtet, er kriegt den Bauch voller Steine und wird im Brunnen ersäuft. Dem schwarzen Hahn beißt der Fuchs den Kopf ab. Das kann der Mensch vor dem Bösen, so weit muss er, so weit kann er gehen. Das Gedicht der Ricarda Huch spricht in diesem Sinn märchenhaft, aber es ist darüber hinaus die leidenschaftliche Abwehr einer leichtfertigen Bewältigung, die den Abgrund der Unsinnigkeit mit linden Floskeln zuschmiert. Diesem Pathos wird der Glaube zustimmen, denn nichts liegt der biblischen Tradition ferner als die eilfertige Erledigung des Verbrechens. Das Matthäusevangelium zitiert in der Erzählung vom Kindermord in Bethlehem den Propheten Jeremia: „Ein Geschrei war in Rama zu hören, lautes Weinen und Klagen: Rahel weinte um ihre Kinder und wollte sich nicht trösten lassen, denn sie waren dahin" (Mt 2,18; Jer 31,15). Der Schmerz bekommt sein volles Recht. Das Evangelium arbeitet nicht mit der Narkose oder mit dem Mittel der Täuschung. Es bleibt allerdings auch nicht an dieser Stelle stehen. Im Gedicht spricht ein Herz, das festhält am Bösen der *anderen*. Das *eigene* Böse wird gar nicht erwähnt. Was ist es mit dieser Möglichkeit? Und was ist es mit dem unlösbaren Fluch? Wird das Herz für immer in seine Beute, das Unrecht, verbissen bleiben? Was wird in diesem Zustand aus der Menschenseele? Das Herz verkrallt in das Verbrechen der anderen, kann das mehr sein als ein Bild der Verzweiflung? Die biblische Religion ist von der Gewissheit erfüllt, dass die Lösung dieser unseligen Verschlungenheit ganz allein von Gott her zu erhoffen ist, aus dieser Richtung aber auch alle berührt werden, die darin gefangen sind, die Verbrecher und die, die sie verfluchen. Denn Gott ist größer als das fluchende Herz, er geht weiter (1 Joh 3,20; Röm 12,9–21). Er löscht nichts aus von dem, was geschehen ist, aber er ändert die realen Verhältnisse

auf allen Seiten. „Der den Menschen geschaffen hat, kann ihm auch mitsamt seiner Schuld in den ersten Ursprung hineinnehmen und ihn neu erschaffen. Dann bleibt ihm das Getanhaben der Schuld; aber damit ist etwas vor sich gegangen, was die religiöse Sprache die Rechtfertigung nennt“ (Romano Guardini). Und so gibt er dem Bewusstsein, das vom Entsetzen über das Böse gebannt ist, einen neuen Horizont und eine neue Freiheit, mit dem Geschehenen umzugehen. Die Chance der Vergebung ist geöffnet. Für das Gefühl ist das sicher kein ebener, sondern ein sehr steiler Weg. Das zeigt noch die christliche Überlieferung, in der das Übergewicht des Höllenwunsches oft genug die Möglichkeit zudeckt, dass die Versöhnung gelingen könnte. Die Hölle für die Bösen ist willkommener als der Himmel für alle.

Vernarrt in den Teufel?

Das Gedicht hat eine seltsame Aktualität, die weit in das politische und kulturelle Feld des gegenwärtigen Lebens hineinreicht. Denn man kann es auch lesen als ein Dokument der *Liebe zu den Bösewichtern.* Was soll das heißen? Die moderne Zeit hat ein altes Phänomen verstärkt, das noch wenig bedacht wird. Das Bewusstsein fixiert sich unbedingt auf den Verbrecher, nicht weil dieser irgendwie liebenswürdig ist, nicht weil er die helfende Zuwendung braucht, sondern genau deswegen, weil er böse ist. Da fällt es nicht nur schwer, an eine Besserung zu glauben, weil die Bosheit so massiv und endgültig erscheint, sondern weil man es nicht will. In den Stimmungen, die durch die moderne Gesellschaft ziehen, treibt auch die Freude mit, dass das Böse da und dort in einer konzentrierten und eindeutigen Gestalt vorhanden ist. Das Gleichnis vom *Löwenherz, das seine Beute festhält,* passt sehr genau auf diesen Tatbestand. Der Verbrecher wird nicht entlassen, er muss es bleiben. Käme er durch die Bekehrung abhanden, wäre die Enttäuschung groß. Der Teufel muss der Teufel sein, gegen alle Regungen, die ihn verwandeln könnten. Die Motive, die in dieser verzwickten und verschwiegenen Gefühlsmischung zusammenspielen, sind vielfältig.

Der Schauder des Bösen erzeugt Lust, nicht nur in den primitiven Horrorfilmen, sondern auch auf dem hohen Niveau der Kunst. Denken Sie an die Faszination, die das Satanische auf die neuzeitliche Literatur ausübt. Der ästhetische Genuss wird an der Schreckensfigur des Teuflischen gewonnen. In der Politik und in den Medien, die ihr zuarbeiten, ist die Lokalisierung des Bösen in einer bestimmten Gestalt deshalb so willkommen, weil sie eine große Erleichterung liefert: Das Böse ist außerhalb von mir, meiner Gruppe, meiner Partei, ich kann es jederzeit objektivieren. So entstehen sehr handliche Instrumente der Propaganda und der Polemik. Die moralische Entrüstung hat in der Öffentlichkeit hohen Genusswert und sie liebt und behütet dankbar ihre Objekte, je endgültiger etwas böse ist, umso besser und verwendbarer ist es. Wer im Dschungel der Mediensprache einen Weg sucht, ist immer wieder ratlos vor der Tatsache, dass es fast gar nicht um die Realität böser Taten oder Worte geht, sondern um die Art, wie sie vom Bildschirm herunterkommen. Dichtung und Wahrheit werden im Mixer der Unterhaltsamkeit verrührt.

Wenn ich Jesus hineindenke in diese Szene, habe ich fast Mitleid mit ihm, weil ich fürchte, sie wird ihn schlucken. Aber ich schaue genau hin und sehe, er geht gerade und aufrecht hindurch, er lässt sich nicht verspeisen. Er meint mit jedem Ausdruck buchstäblich das Blut und das Leben und den Tod und die Schmerzen, er spielt nicht damit. Er hätte das Kreuz benützen können, um sich darin zu verkrallen, er hätte seine Fingernägel und seine Zähne in dieses Holz schlagen können. Doch er *geht*, und in seiner Bewegung wird aus dem Instrument der Fixierung ein *Weg*, der Kreuz*weg*, auf dem er sich nicht anhalten lässt, es sei denn durch Gott selbst, zu dem er sich sterbend hinschleppt. Alle, die ihm auf dieser Straße begegnen, nimmt er mit, lösend, befreiend, öffnend, auch die Henker, die ihn um das Leben bringen, auch den Pöbel am Gehsteig, der ihn begafft. Er durchbricht die Verzauberung durch das Böse, die aus dem menschlichen Herzen nichts machen kann als eine Raubkatze.

Gottesfragebogen

Für viele Menschen ist das Wort „Gott“ ein Ausrufezeichen, die definitive Antwort auf alle brennenden Fragen. Gegen dieses verkürzte Gottesverständnis und gegen alle Versuche, die brennende Frage nach Gott stillzulegen, nimmt dieser Text Stellung. Er lädt zu der Entdeckung ein, „dass vom Gott der Antworten immer wieder unbändig der Gott der Fragen geboren wird“.

Der Titel des Papiers kann in manchen Ohren einen verdächtigen Klang haben. In der Atmosphäre des bürgerlichen Lebens ist allerlei behördliche Neugier unterwegs, beschleicht uns auch viel unverschämte Schnüffelei. So mag das Wort *Frage* viel von seiner Unschuld verloren haben, es verwandelt sich sehr leicht in ein *aus*-fragen, und wer es liest oder hört, fühlt gleich ein Unbehagen. Ich arbeite nicht als Katechismusbeamter, ich bin kein Inquisitor von der Sorte Untersuchungsrichter, wie sie häufig im religiösen Gelände auf- und abgehen, es findet kein Verhör statt, und Neugier will ich nur wecken. Ich sammle auch keine Meinungen für eine Statistik, ich treibe keinen Handel mit Auskünften. Das Wort steht ganz allein für die Bewegung, in die seit eh und je die Wirklichkeit *Gott* versetzt, das seltsamste, erstaunlichste, in keinem Satz und keinem Substantiv unterzubringende, durch kein Verbot aufzuhaltende, durch keinen Spott erledigte Datum. Die Frage ist der Raum Gottes. Und darin andächtig zu sein ist die schlichte Absicht, die in diesem Libretto hervortritt. Was, wie, warum, wozu, weshalb, wann, wer, wem, wo, worum, wodurch, worin, wessen. Gott?

Fragen sind, so geht häufig die Rede, ein Sprachspiel, das man Antwort gebend hinter sich lässt und leicht vergisst. Es wird bewältigt und verschwindet in der Erwiderung. Viele theologische und spirituelle Äußerungen verwenden die Frage fast immer als das Vehikel, auf dem sie so rasch wie möglich zur Antwort gelangen können. Und viele der Fragen sind gar nicht in wirklicher Weise auf die Erkundung der Sache bezogen, sondern dienen als Redefigur, sind rhetorisch gemeint und rasch zu verlassen. Das ist nicht meine Absicht. Ich will in der Frage bleiben und lade dazu ein, es in ihr auszuhalten. Sie soll arbeiten in der inneren Werkstatt, am Geburtsort der Gedanken. Denn solange wir in der Welt sind, gilt: Gott wohnt mehr in der Frage als in der Antwort.

Die Fragwürdigkeit ist längst nicht für alle eine unbezweifelte Würde, ein hoher Rang in den vernünftigen Geschäften der alltäglichen Welt. Wenn etwas *fragwürdig* genannt wird, heißt das in der spontanen Wertung, dass es zweifelhaft, übel, schlecht, moralisch verdächtig ist, viel eher negativ als positiv zu gelten hat. Unter dieser Decke liegt die andere mögliche Bedeutung, sie muss extra hervorgeholt, extra entwickelt werden: Dass etwas die Frage wert ist, dass dafür Zeit und erkenntnishafte Mühe aufgewendet werden, die vernünftige Belagerung eines unbekannten Sachverhalts stattfindet, die mühevolle Expedition in die Welt des Mysteriums unternommen wird. In der anhaltenden Übung der Frage ist mehr zu gewinnen als dieses und jenes Detail aus der Masse des Wissens. Sokrates weiß es aus eigener Erfahrung und sein Schüler Plato spricht mit ihm davon. „Dass wir aber, wenn wir glauben, das suchen zu müssen, was wir nicht wissen, besser werden und mannhafter und weniger träge, als wenn wir glauben, was wir nicht wissen, sei nicht möglich zu finden und man müsse es also auch nicht erst suchen, dafür möchte ich allerdings streiten, wenn ich es könnte, mit Wort und Tat“ (Menon 86,b–c).

Zu streiten hat der Philosoph mit allen, die von der Knall-Sprache besessen sind und keinen anderen Dialekt kennen wollen. Der Knall ist in der großen Zahl der Weltgeräusche wohl jenes, das besonders leicht mit Gott in Verbindung gebracht wird. Der blanke Laut, an dem alles Begreifen abgleitet, der heftige kurze Schall, alles übertönend, überraschend, überlegen, wehtuend, das Trommelfell durchlöchernd, einschüchternd, von oben dröhnend, der Knall verbreitet Schrecken, Zucken, Angst. Er bedeutet *nichts,* lässt keine Auslegung an sich heran und nötigt sich den Ohren auf als die beliebte hermeneutikimmune Erhabenheit. Denn krachen können alle, gerade auch die Analphabeten.

Ihre brennende Einfalt glüht in der Freude am absoluten Laut, der alles Fragen erledigt.

Kein Wunder, dass die Bitte an Gott oft genug zur Frage wird. Welchen Ton, lieber Gott, wünschst du dir für den Umgang, den die Menschen mit dir und untereinander pflegen? Die exakten Superlative, überquellend von der Zusage, die dir alles verspricht? Heilig, heilig, heilig? Oder darf hie und da ein Hüsteln hörbar sein, ein winziger Abstand im Klang der Worte? Ein dazwischengeratenes Schweigen? Gefällt dir vielleicht der Widerstand, der in den Gefühlen dir entgegenwächst? Es könnte freilich sein, dass du solche Regungen in die Zuständigkeit des Satans überwiesen hast. Aber bedenke die Ehre der Fragen, die sich um dich scharen.

Diese Ehre nimmt nicht überhand, sie wird eher sparsam erwiesen und gerade in Szenen vermisst, die ihre große Gelegenheit sein könnten, wie in der Begrüßungsgeschichte, die Lukas im ersten Kapitel seines Evangeliums erzählt. Gabriel hat in höchstem Auftrag der Miriam den Heilsplan zu diktieren. Der Engel fragt nicht, ob das Mädchen seinem Vorhaben zustimmen will, ob sie den Mut hat, den Messiasprinzen zu gebären. Gabriel sagt an, was geschehen wird, er bemüht sich nicht, seine Obrigkeit verständlich zu machen. Was er auszurichten hat, geht im Evangelium auf ein paar Zeilen. Das Gottesgefühl der Miriam war diesem Stil angemessen. Die Jungfrau antwortet knapp, nennt realistisch ihre geringe Bewegungsmöglichkeit als Sklavin und meint, es solle eben geschehen, was angesagt wurde. Es ist ihr ganz klar, dass sie nicht gefragt wird. Gabriel unterrichtet sie. Die Absicht des Himmels überquert alle vorhandenen Zustände.

Die Notiz in einem privaten, selbstkritischen Tagebuch berichtet von der Perversion der Gottesstimmung, vom Verlust des deutlichen Profils. Die Frage ist dahin. „Gott ist mir zu einem Brei zerronnen, der überall hinquillt. Viele Leute, denen ich meinen Allerhöchsten zeigte, hielten ihn für sehr essbar. Sie begannen an dem Mus zu löffeln, um ihn möglichst tief in das Leibesinnere zu befördern. Aber der Gottesbrei lief ihnen zwischen den Zähnen davon. Je linder ihnen der mehlige Teig durch die Gaumenhöhle floss, umso weniger war seine Gestalt zu fassen. Sie versuchten mit kauenden Bewegungen feste Bissen herzustellen, begnügten sich aber bald damit, diese vorzutäuschen. Manche schmatzten dabei."

Mit solchen Innigkeiten mag ich nicht wetteifern, ich erforsche mich aber, ob ich schon einmal den Gottesdurst gespürt habe, in der elementaren Form, die der Psalm 42 beschreibt. *Wie der Hirsch lechzt nach frischem Wasser, so lechzt meine Seele, Gott, nach dir.* Es gibt Zeiten, in denen ich mich regungslos damit abfinde, dass der Unausweichliche kommt. Glühendes Herbeiwünschen erwacht dann und wann, wenn ich mich in seiner Schöpfung nicht auskenne und Neugier die göttlichen Antworten sucht. Die Stunden der Gottesliebschaft sind viel seltener als die der Gottesverwunderung.

Was ist die Auskunft, die ich in den Augenblicken meiner Andacht am häufigsten von Gott erwarte? Es genügt nicht, geliebt zu sein, eine Flut an gefühlshafter Anwärmung genießen zu dürfen, ich will auch wissen. Wie soll man sich auf eine himmlische Vollendung freuen, die nicht auch den Einlass in die verborgenen Gründe der Schöpfung bietet. Im Hunger nach Liebe und Gerechtigkeit ist nicht ganz zuletzt die Erwartung enthalten, dass etwas über den Sinn der Materie zu erfahren sein wird. Es muss nicht gerade eine strenge Stunde der Mathematik sein, aber ein überzeugtes Aha! sollte stattfinden nach all den rätselhaften Abenteuern, die im Mikrokosmos der leiblichen Existenz zu machen sind.

Überhaupt, viel leichter als liebeshungrig zu sein, ist es oft, die Neugier loszulassen auf diese ungeheuer beredte Wirklichkeit hinter dem Horizont. Wie sie aussieht, wie sich das meldet auf dem Register der Sinne, ob man ausgelacht wird von der groß angekündigten Weisheit, wie viele der Wünsche erfüllt werden, vor allem die Begierde nach Auskunft und Offenlegung der Akten, die Einlösung der Versprechen, wie lange man sich in dem Feuer aufhalten kann, das an den Fußsohlen des Moses gebrannt hat, was einem aus dem Kunterbunt des Lebens übelgenommen, ob mit unsereinem geredet wird.

Es muss nicht ganz und gar verboten sein, Gottesgedankenspiele auszudenken, bei denen von vorneherein vermutet wird, dass sie unangebracht sind und in einer ordentlich gedruckten Überlegung nicht viel Platz haben können. Das Purzelbaumhafte bricht ein in die Logik der sauberen Schritte, und ich setze nichts dagegen. Mein Gefühl, dem so oft die Neugier ausgeredet wird wie eine ranzige Meinung, will gerächt sein. Die von allen Kirchengroßvätern gescholtene *curiositas* ist doch, wenn ich meine Gottesaufmerksamkeit ehrlich nenne, die wahre Zugkraft, die mich hinholt und dort festhält, wo das Feuer leuchtet.

Gewiss ist die zimperliche Sprache am wenigsten angebracht in der Unterhaltung mit einem Wesen, dem man alle Gewitter des Lebens zu verdanken hat, das auch keine Härte und keine Gewalt ausspart. Die Wortwahl ist ins Freie gesetzt durch die Tonart, die auf dem Sinai zu hören war. Die Ohren Gottes sind wohl nicht nur für das *Te Deum* aufgemacht, sondern auch für das raue Vokabular derer, die nicht nur die Sterblichen genannt werden können, sondern auch die Klagenden, die Kopfschüttelnden, die Draufzahlenden, die Gefragtwerdenwollenden, die Impertinenten.

Mit dem Fragebogen trete ich nicht der Gilde der Zeloten bei, wie sie einem wieder auf allen Pflastern begegnen. Von Beruf Gottesbildreiniger, die einen mit dem Besen, die anderen mit der Pinzette, alle ausgestattet mit dem heiligen Gefühl, es zu müssen und zu können, in der Gewissheit, die wahren Züge im Mienenspiel des Heiligen zu kennen, und überzeugt, dass ein gereinigter Gott allemal besser ist als ein verstaubter oder verzerrter, üben sie ihr Handwerk aus und sind bis in den Grund der Seele zufrieden mit dem Effekt, keinen Augenblick daran zweifelnd, dass der real lebende Gott sich in ihrer Arbeit erkennt, und gewissermaßen klarer sieht, wer er denn eigentlich ist, und sich, so hoffen sie, darüber auch tüchtig freut.

Es gibt Dämmerungen der Ungeduld, wenn einer merkt: Ein Drittel des Lebens hat er verschlafen, von dem übrigen den Großteil damit verbracht, die heiligsten Dinge den anderen Menschen vorzusagen, vor dem Publikum gelehrt von Gott zu reden, zu zeigen, hinzuweisen, einzuführen. Und endlich in einer späten Stunde wird ihm klar, was ihm abging: Dass er sich selbst darantat mit seinen Sinnen, um Gott zu ertasten, ob er ist oder nicht ist, die tolle Suche antreten, mit blutenden Händen nach dem Gesicht greifen, ob es herankommt, ob es sich gibt, unbezweifelbar, brennend.

Gibt es nicht Elemente in der Welt, die längst extraterritorial geworden sind, außerhalb des Feldes der Frage geklärt und gesichert, keinem grundsätzlichen *Warum* mehr ausgesetzt? Wenn zum Beispiel die Christen am Sonntag das Credo sprechen, deklamieren sie gewiss keine Fragenlitanei. Für den Bereich der religiösen Wahrheit sind daher seit eh und je Fraglosigkeit und die Fragwürdigkeit ineinander verschränkt. Denn es gilt gerade hier die grundsätzliche Regel, dass die göttliche Wirklichkeit, auf die wir uns im Bekenntnis beziehen, nicht gleichzusetzen ist mit ihrer irdischen, raumzeitlichen Erscheinung. Daher verlockt sie auch immer von sich aus zur Frage. In paradoxer Formulierung könnte das heißen: wir bewegen uns in fragender Gewissheit; und umgekehrt: wir leben in wahrheitsgewisser Fragwürdigkeit.

Die lose Aufreihung der Fragen macht den Eindruck eines beliebigen Gewühls und weckt den Verdacht, es handle sich um die Spielerei eines gelangweilten Schreibtischmenschen. Wenn man sich aber dem Zug dieser Fragezeichen für eine Weile überlässt, wird man zwei Dinge deutlicher sehen. Einerseits öffnet sich in der freien Aufzählung der Fragen die schiere Ungewöhnlichkeit der Wirklichkeit, die wir Gott nennen. Andererseits drängt die Liste dazu, den Fragewert der Fragen auszumachen. Denn nicht alle reichen weit genug und nicht alle halten sich wirklich als Fragen durch. Aber mir liegt mehr an der Ungewöhnlichkeit als an der Ordnung.

Es ist, als ob mit oder an Gott das wilde, gehäufte und sich überstürzende Gewitter der Fragen ausbrechen würde, nach Art einer vulkanischen Eruption, ungeordnet durcheinanderfahrend. Da kann es sein, dass Menschen einer sehr deutlich ausgeprägten religiösen Bildung sich von diesem Fragesprachspiel sogleich abwenden, weil sie es für überflüssig, erledigt und ungehörig halten. Sie wissen auf Grund ihres fixen Bestandes an Antworten, wie, was und wie viel man fragen darf. Für ein Bewusstsein dieser strikten Form könnte es eine hilfreiche Überraschung sein, wenn es in den Regen der Fragezeichen geriete. Es ist die Entdeckung zu machen, dass vom Gott der Antworten immer wieder unbändig der Gott der Fragen geboren wird.

1. Warum duzen Sie Gott?
2. Warum wird für Gott so viel gesungen?
3. Wenn Gott existiert, kann nichts geheimgehalten werden. Beruhigt Sie das?
4. Möchten Sie Gott ins Gesicht schauen?
5. Warum kann Gott nicht dumm sein?
6. Man sagt *es regnet.* Kann man auch sagen *es gottet?*
7. Wäre Ihnen um Gott leid, wenn es ihn nicht gäbe?
8. Wie oft hat Sie der Gedanke an Gott von unguten Taten abgehalten?
9. Gott – was ist das?
10. Haben Sie Gott schon einmal weggewünscht?
11. Ist es in der heutigen Zeit schwieriger, von Gott zu sprechen, als zur Zeit des Moses? Und warum?
12. Wie groß ist Gott?
13. Gibt es ein Wort, das Sie besonders gern für Gott verwenden?
14. Warum braucht Gott so viel Aufmerksamkeit, wo er doch allmächtig, allwissend und im Besitz des Ganzen ist?
15. Wären Sie auch mit einem Gott, der nichts als schön ist, zufrieden?
16. Lässt sich Gott durch unsere Wünsche bewegen?
17. Lassen Sie sich gern ein Kind Gottes nennen?
18. Wie beschäftigt Gott seine Geschöpfe im Himmel?
19. Wenn Sie zu Wort kommen – was werden Sie Gott beim Jüngsten Gericht sagen?
20. Gibt es eine Pubertät des Absoluten – die Eifersucht Gottes?

21. Kann man etwas Besseres sein wollen als Gott?
22. Gib es Worte, die ganz und gar ungeeignet sind für die Nennung Gottes?
23. Was haben Sie sich schon alles erbetet?
24. Haben Sie Gott schon einmal trösten wollen?
25. Ist Gott für Sie eine Wirklichkeit im Plural oder eine Wirklichkeit im Singular?
26. Warum kann Gott nicht gewählt und nicht abgesetzt werden?
27. Kann Gott sterben?
28. Was hat Gott riskiert, als er Mensch wurde?
29. Meinen Sie, dass Gott alles tun darf?
30. Was macht nach Ihrer Ansicht einen Gott zum Gott?
31. Kämpfen Sie um Ihre Gottesgewissheit?
32. Halten Sie es für möglich, Gott anzulügen?
33. Was können Sie Gott geben, der alles hat?
34. Bilden für Sie der Vater, der Sohn und der Heilige Geist eine demokratische Dreiheit?
35. Hat neben Gott etwas Platz?
36. Kann Gott Überraschungen erleben?
37. Welche Note geben Sie Gott für seine Schöpfung in einer Skala von 1 bis 5?
38. Fragen Sie sich auch hin und wieder: Wozu an Gott glauben, wenn mit dem Tod alles aus ist?
39. Könnte Gott abdanken?
40. Spüren Sie die Liebe Gottes ganz persönlich auf sich gerichtet?
41. Hat Gott Lieblingsgeschöpfe?
42. Essen Sie Gott, wenn Sie die Kommunion empfangen?
43. Kann man die Nähe Gottes messen?
44. Sind Sie imstande, eine Adresse Gottes zu nennen?
45. Könnte sich der allmächtige Gott selbst abschaffen?
46. Worauf könnte Gott neidisch sein?
47. Was mag Gott zur Erschaffung der Welt bewogen haben: Spielfreude, Machtdrang, Einsamkeit, Freigebigkeit, Seinsüberfluss?
48. Der Papst sagt: Das Priestertum ist das kostbarste Geschenk Gottes an die Welt. Kommt es Ihnen auch so vor?

Das Drängen in das Jenseits der Fraglosigkeit ist jeden Tag zu spüren. Dass endlich etwas wäre, das unter dem Fuß bleibt, unverrückbar, die einzige Stelle, nicht weich werdend, nicht angesaugt von Gewalten, dass niemand daran rühren könnte, das Festbleibende, nicht zerbröselbar. Wie das gebaut sein müsste? Nicht gebaut, sondern da, unanfanghaft, ganz und gar, bestehend aus einem Wort, eine Atemsäule, aus dem Mund entspringend, den niemand füttert. Das wäre der oder die Stehende. Und brauchte nicht zuzusehen, dass sie nicht falle, dass er nicht im Strömen der Dinge von seinem Platz gerissen werde.

Soll nun die Frage das Letzte und Höchste sein, über das hinaus kein anderer Zustand zu erreichen ist, weder auf Erden noch im Himmel? Keineswegs. Wir machen im Leben auf der zeitlichen Welt die Erfahrung, dass die Bewegung der Frage auf Gott zu unruhig und vorläufig ist, dass wir uns nicht wünschen, in dieser Unruhe gefangen zu bleiben. Wir suchen den Himmel, das immerwährende Licht, in dem die Fragen beantwortet sind und die Evidenz der Wahrheit Freude und Glück schenkt. So spricht auch das biblische Evangelium, wenn es den Weg des Menschen beschreibt. Die unendliche Macht des göttlichen Lebens versetzt freilich alle Antwort in eine besondere, unvergleichliche Kondition. Denn hier, an diesem Kontrapunkt der Wahrheit, stoßen das Maß der Endlichkeit und das Unmaß des Göttlichen aufeinander. Hier greift Beklemmung nach der Seele, die auf eine unabsehbare Reise geschickt wird. Hier wird sie aber auch von einem Wirbel erfasst und aus allen Bewegungen gelöst. In einem paradoxen *Zugleich* soll sie stehen und gehen, ruhen und fliegen, sein und werden. Wenn sie den Rhythmus verlässt, fällt sie in die Angst vor der Erstarrung oder erschrickt vor der Rastlosigkeit. Nur wenn sie im Rhythmus bleibt, gelingt ihr der Sprung in das selige Leben.
So könnte es gut sein, dass es eine irdische und eine himmlische Form der Frage gibt, dass wir aus der Frage, die uns auf Erden quält und treibt, hinübersterben in die Frage, in der wir mit Freude die heilige Wirklichkeit Gottes erkunden, von jedem Fund getragen, beglückt, hingerissen und immer wieder zu neuen Einsichten eingeladen. Gregor von Nyssa, ein Theologe des frühen Christentums, gibt dieser Vermu-

tung seine Stimme: „Das je (an Gott) Begriffene ist ewig größer als das früher Erfasste und begrenzt doch nie in sich das Gesuchte, sondern die Grenze des Gefundenen wird den Steigenden zum Ausgang höheren Findens. Und niemals steht der Wanderer nach oben still, er empfängt Beginn aus Beginn und es schließt sich nicht in sich selber der Anfang des Immer-je-Größeren" (Homilien zum Hohen Lied 8).
Die Mühe, die sich bisher die fragenden Menschen um das höchste Wesen gemacht haben und die sie sich in Zukunft noch machen werden, das anstrengende Entdecken, Beschreiben und Erklären dieser wichtigsten Verborgenheit müsste, menschlich gerechnet, vor dem göttlichen Gewissen ein Guthaben anhäufen. Wie hat sich das Menschenvolk verschwendet, zu welchen Wildheiten verleiten lassen an den unzähligen Opfersteinen. Wenn Gott ein Herz hat, müsste aus diesem Fonds recht bald einiges zurückfließen in die Welt.

Offener Himmel

Diese beiden Texte gehen zurück auf Vorträge, die im Rahmen der Aktionswoche Offener Himmel gehalten wurden. Unter diesem Titel präsentiert sich die Erzdiözese Salzburg alljährlich in einer bestimmten Region mit zahlreichen Veranstaltungen und Kontaktmöglichkeiten. Ziel dieser Woche ist es, auf die Menschen zuzugehen, das Leben und den Himmel mit ihnen zu teilen. Die erste Aktionswoche fand in der Stadt Salzburg statt.

Offener Himmel I

Ich komme nicht aus dem Paradies, um Ihnen etwas zu melden. Es wäre freilich leichter zu reden, wenn ich mich auf einen tollen Blitz berufen könnte, von dem ich um und um gedreht wurde. Was ich bieten kann, ist recht simpel, und ich habe mir vorgenommen, dieses schlichte Angebot nicht zu weiß Gott welcher Bedeutsamkeit aufzublasen. Also: Ich kann in meinem Lebensrucksack kramen und einiges hervorholen, Hirngedanken, Herzgefühle, Freundschaftsmotive, die mich bei der Sache halten, für die der Name *Jesus* steht.
Für den Anfang nenne ich drei Voraussetzungen, die in alles hineinwirken, was ich über meinen Weg im christlichen Glauben zu sagen weiß. Als Erstes taucht in mir auf – und es ist immer noch präsent: ein Augenblick der *Wahl*. Wenn ich dieses elementare Gefühl beschreiben will, drängen sich Worte auf, die alle auf einen Punkt zielen und sagen: Es ist ganz und gar nicht selbstverständlich, es ist keine Gewohnheit, es ist kein Muss, dass dein Leben an das Evangelium gebunden ist. Es kommt darauf an, ob du überhaupt willst, was du willst, wie du willst. Daher immer wieder der Ausbruch des Staunens, einer großen anhaltenden Verwunderung. Der Horizont ist aufgerissen, das ungeheure Land vor mir erstreckt sich in das Unübersichtliche. Ich kann den Anbruch dieser Unruhe ungefähr datieren. Es war in der Volksschulzeit,

an einem Sommerabend, meine Mutter hatte mich ins Dorf geschickt, ich sollte die Milchkanne vom Stellplatz holen. Auf dem Heimweg mit dem leeren Geschirr kam ich bei unserem Kirschbaum vorbei. Und eben als ich unter dem mächtigen Schirm durchging, blieb ich mit einem Ruck stehen. *Wenn nun nichts ist?* Mitten hinein in diesen blauen gelben goldenen Abend, *wenn nun nichts ist?* Wie ein Katapult wirft mich die Frage aus allem heraus, der Erdboden tanzt, die Wiese dreht sich, das Haferfeld, und andersherum in mir im Wirbel der Gedanken: *Wenn aber jemand ist, ein Gesicht, ein Atem, ein Mund und das Auge?* Ich stelle die Milchkanne auf den Weg und weiß nicht, wo ich mich befinde. Ich kann nicht sagen, wie lange ich unter dem Kirschbaum gestanden bin. Als ich heimkam, fragte mich die Mutter, wo ich mich herumgetrieben hätte.

Als zweite Voraussetzung nenne ich den *Mehrwert der Freude.* Ich rechne mich nicht zu den Leuten, die den Aufenthalt in der Kirche nur dazu benutzen, um über sie zu klagen. Mein Zustimmungsgenuss ist im Durchschnitt gerechnet größer als mein Frust. Ich will nicht leugnen, dass mich auch Stimmungen dieser Art überfallen, mit einer Ladung an Vermutungen, die nicht leicht abzuwehren sind. Die Tradition des Christentums könnte ein Prozess der Abnützung und der Ermüdung sein, eine Erschöpfung an sich selbst, eine Widerlegung durch die eigene Praxis. Ich habe in der Arbeit an dieser Vermutung unterscheiden gelernt zwischen dem Evangelium als dem ursprünglichen Konzept und der kirchlichen Verwirklichung. Ich meine, die Energie, die mit dem biblischen Wort auf den Weg gekommen ist, kann mich bewegen, heute so gut wie am Anfang. Sie ist unverbraucht, aber von vielen Erfahrungen gefärbt, unermüdet, aber von der Arbeit gezeichnet, anziehend, aber vielfach blamiert, eine Kraft, die erst recht wieder auf dem Weg ist und einlädt, sich mit ihr auf den Weg zu machen. Was sich dem Lauf der Zeiten aussetzt wie das Evangelium Jesu, mit allem Risiko und aller Bereitschaft, sich dem Gericht der Öffentlichkeit zu stellen, das nimmt nicht ab, sondern zu. Das Spiel ist im vollen Gang. Mit Paulus gesprochen: Ich schäme mich daher nicht, ein Christ zu sein, ich werde herausgefordert und fordere heraus. Wenn die moderne aufgeklärte Zeit etwas zu bieten hat, dann ist es nach meinem Gefühl auch die

Chance, dass wir uns in eine faire Gegenseitigkeit einüben. Das heißt, ich habe als Christ nicht nur etwas zu verteidigen, sondern ich bin auch in der Lage, ein Angebot zu machen: Die Sache des Evangeliums.
Und drittens: *mündiges Dazugehören.* Ich werde nicht gedacht, sondern ich denke, ich werde nicht entschieden, ich entscheide mich. So spreche ich als redlicher Katholik, der ich sein möchte. Hier habe ich meinem Vater zu danken, der seinen Kindern in der Zeit des Nationalsozialismus gezeigt hat, dass mündiges Dazugehören oft genug auch verbunden sein muss mit mündiger Distanz und mündiger Verweigerung. Man musste nicht mitschreien und nicht mitbegeistert sein, und die Instanz, die das trug, die das innere Steuer auf Kurs hielt, war für ihn allemal sein eigenes Gewissen. Er hatte es nicht abgeliefert und ließ es nicht von außen her verwalten. Seine Skepsis gegenüber der katholischen Unfehlbarkeitspredigt blieb zeit seines Lebens im Wachsen. Es war, so meinte er, viel besser, das vorhandene Interesse für die Verwirklichung der Worte statt für ihre Bewachung einzusetzen. Der Instinkt seines Glaubens war gegen alle Formen der Rechthaberei gerichtet. Das habe ich nicht vergessen. Die Frage der Kompetenz in Sachen des Glaubens ist keine Angelegenheit der berufsmäßigen Intellektuellen in der Kirche oder eine der modernistischen Marotten. Sie geht alle an. Seit den biblischen Anfängen ist immer wieder von der Ermutigung zur eigenständigen Erfassung der Wahrheit, zum eigenständigen Umgang mit ihr, zu hören. Denn allen ist im Johannesevangelium versprochen: „Ihr werdet die Wahrheit erkennen und die Wahrheit wird euch frei machen" (8,32). Es besteht kein Anlass, dafür das beliebte Scheltwort *Individualismus* hervorzuholen, denn die Mündigkeit ist kein Alleingang im Glauben, sondern immer ein sozial verwebtes Geschehen, ein Nehmen und Geben, vom selbständigen Einzelnen zum sozialen Gefüge der Gruppen, der Pfarreien und der Kirche. So bin ich der Gemeinschaft im Glauben mit meiner Lebenskraft und Investition verbunden, in meiner beschränkten Perspektive und vielfachen Fehlbarkeit.
Paul Tillich hat einmal davon gesprochen, Gott könne als die Wirklichkeit gesehen werden, *die mich unbedingt angeht.* Die also durch alles andere, sei es denkbar oder wirklich, an mich herandringt, auf mich losfährt und mich berührt. Der Vorschlag hat mich dazu verlockt, in

meiner Erinnerung den Spuren oder Signalen solcher Unbedingtheit nachzugehen. Ich bin nicht sicher, ob ich wirklich fündig geworden bin, aber es gibt in meinem Bewusstsein einige Einschläge, die an ihrer Stelle verharren und sich nicht mehr verschieben lassen. Ich komme immer wieder an diese Orte zurück. Das früheste Datum ist mein Kindsgeschrei, zwei oder drei Jahre alt, im Kinderwagen liegend, habe ich gemerkt, dass meine Eltern das Haus verlassen wollten, um – so wurde mir später erzählt – zu einer Unterhaltung zu gehen. Da fuhr es aus mir heraus, schreien mit aller Kraft. Gradaus zur Stubendecke hinauf, kein Betteln, kein Reden, kein Erklären, rohes, unerzogenes Geschrei. Die Eltern gehen weg, die Großmutter zählt nicht, Nähe wird eingefordert und festgehalten, der Schrecken vor der Kälte bricht aus. – Eine andere Szene auf dem Ackerfeld. Meinem Bruder und mir war es an einem Herbstnachmittag gelungen, ganz allein, ohne Hilfe und Aufsicht des Vaters, mit dem Ochsengespann einige sauber gezogene Äcker hinzukriegen und sehr gelobt zu werden. Das war ein großer Augenblick, viel stärker im Gefühl als die erste Kommunion. Der kindlichen Kraft war etwas geglückt, man sah das Ergebnis, die Erde war braun, fiel feucht über die Füße und die Ochsen schnaubten. Alles stimmte zusammen, es gab kein Loch in meiner Welt, für diesen Tag wenigstens nicht. – Noch ein anderes. Der aufgehende Frühling in der kühlen Frische des Anfangs, das Grüne, die Helle, die mit allen Säften und Schüben entgegenkommende Erde, und vor allem: der ferne ziehende Horizont, den ich vor Augen hatte, der aber mit mir wanderte. Der heftige Wunsch, einmal, mit den Augen wenigstens, einen Sprung zu tun, hinüber, und irgendwo irgendwie in einer jenseitigen Welt aufzusetzen. – Das sind einige humusartige Elemente. Gleichzeitig und später kam viel anderes dazu, Katechismus und Theologie, die ganze Grammatik einer damals noch intakten Volksfrömmigkeit.

In wechselnder Deutlichkeit verstehe ich so, dass ich mit Gott zu tun habe. Und auf eine Weise, dass darüber das Wort *Evangelium* geschrieben wird, eine gute Botschaft, ein haushoher Titel, der alles überwölbt, alles komplett und total einfasst. Das soll also nicht bloß ein wenig freundliche Farbgebung sein, ein Pinselstrich auf der dunklen Leinwand, sondern ein alles durchströmendes Licht. Wenn ich jetzt davon rede, kann ich nicht reden über einen fertigen Zustand; ich bin immer noch, erst recht in meinem Alter, dabei, Gott zu lernen. Ich orientiere mich an der biblischen Gottesgeschichte und muss dazusagen, dass sich diese in mir bricht, in zufälliger und vorläufiger Form. Ich bin überzeugt, aber meine Festigkeit ist beweglich, weil der Glaube nach dem Johannesevangelium ein Sieg ist im Kampf gegen den Zweifel, gegen geistige Trägheit, gedankenlosen Leichtsinn und die Attacken der Melancholie.

Aber nun, nach all dem Voraus-Reden: Der *offene Himmel* ist ein stellvertretendes Wort für den *offenen Gott.* Und der offene Himmel wie der offene Gott rufen die andere Möglichkeit, den geschlossenen Himmel und den geschlossenen Gott. In den Signalen Furche, Schrei, Baum und Horizont ist schon ein Vorspiel dazu geschehen. Wir erleben alle Wirklichkeit, die Welt und die Erde, immer so, dass wir uns in den räumlichen Dimensionen bewegen. Das geht in die Breite, die Höhe und die Länge und hat mit der Qualität unseres Befindens zu tun. Bei jeder Wohnungssuche merken wir, dass es auf mehr als geometrische Abmessungen ankommt. In der körperlichen, in der seelischen und auch in der religiösen Sphäre spielen die analogen Dimensionen der Räumlichkeit eine elementare Rolle. Die Liebe Christi verstehen, sagt der Epheserbrief im Neuen Testament, heißt fähig sein, ihre „Länge und Breite, Höhe und Tiefe zu ermessen …“ (Eph 3,18). So erinnert uns das Aktionswort *offener Himmel* sehr direkt an einen Erfahrungsbereich des christlichen Glaubens, der nicht am Rand, sondern in der Mitte liegt und von der Mitte her Aufmerksamkeit auf sich zieht.

Vor einiger Zeit habe ich in einer Anthologie unter dem Titel *Seufzer* folgende Frage gelesen: „Der Pfarrer schloss mich ein in sein Gebet, wie komme ich da wieder heraus?“ Der Witz trifft Erfahrungen. Die Einschließungen, die mit Hilfe des Instrumentariums der Religion vollzogen werden, sind nicht böswillig erfunden. Sie gehören in vielen Varianten zur real geschehenden Gottesgeschichte. Wer den alten Beichtspiegel erlebt hat, die Gewissensbearbeitung in der tridentinischen Epoche, weiß, was Enge bedeuten kann, der weiß, wie fest die Riegel in religiösen Verhältnissen sperren. Ich zähle einige dieser Einschließungen auf. – In meiner Generation geschah es immer wieder, dass der

Priesterwunsch christlicher Familien in zielbewusste Maßnahmen umgesetzt wurde. Die Sippe hat einen Angehörigen zur Weihe bestimmt, betet in diese Richtung, zahlt, sorgt für entsprechende Erziehung und leitende Atmosphäre. Die Mutter, der Onkel, fromme Verwandte umstehen mit ihren Absichten den so genannten Priesterstudenten. Kein Zweifel war möglich, dass diese gut gemeinte Widmung dem Willen Gottes entsprach. – Als Gymnasiast habe ich im Linzer Mariä-Empfängnis-Dom beim Seitenportal ein Plakat gelesen: „Heilige Ruhe – hier wohnt Gott!“ (eine Variante ist noch zu sehen im Sacellum; dort ist in das Altartuch gestickt: „Hier wohnt die ewige Liebe“). Der Allgegenwärtige wird in einer punktuellen Wohnadresse untergebracht. Die symbolischen Gottesfassungen legen solche Einquartierungen freilich tagtäglich nahe, die Bilder, die Behälter, die Gotteshäuser, Gottesländer, Gottesstraßen, die goldenen Tabernakel, alles Gefäß und Geschirr. Es ist kein leichtes Ding, diese Verörtlichungen Gottes als Formen seiner offenen Gegenwart zu verstehen.
Vor meiner Priesterweihe habe ich in Rom ein Lehrbuch über die Sakramente studiert. Der Abschnitt über die heilige Messe war ein starker Schock. Der feiernde Priester konnte bei der Zelebration so viele, auch schwere und tödliche Sünden begehen, dass man sehr zweifeln musste, was größer war, die Gnade Christi im Sakrament oder die Wahrscheinlichkeit, dabei in die Hölle zu kommen. – Die offiziellen Fragebögen zum Zweck der Gewissenserforschung (Beichtspiegel), die es einmal gegeben hat, nähren die Vermutung, dass dahinter ein lebensfremder Pedant steht, als der Schöpfer der Welt, der seine Kreaturen von innen her kennt und ihre Möglichkeiten sachgerecht einzuschätzen weiß.
Große, gefeierte Denker (Augustinus, Calvin) haben ein übergreifendes theologisches System gebaut, in dem Gott von Ewigkeit her bestimmt, dass nur eine kleine Minderheit in den Himmel kommen wird. Die Öffnung in der Mauer des Paradieses ist winzig, fast unsichtbar geworden. – Im Laufe solcher Einschließungserfahrungen meldet sich eines Tages die Befürchtung, man habe es mit einem engen Gott im engen Himmel zu tun, in dem ich gefangen bin, dem ich nicht entgehen kann, mit dem ich so und so zu tun bekomme, religiös oder gottlos, der mich nicht auslässt, ein Daseins-Käfig. Nichts schließt sich so

eng wie die alles umgreifende Energie, die wir Gott nennen. Die Dimensionen Gottes kippen, der Weiteste wird der Engste, der Offenste der Geschlossenste; bei Gott, dem kein Ding unmöglich sein soll, ist beinahe alles unmöglich geworden.

Viele Biographien erzählen die Befreiung aus diesem Gottesknast. Ins Freie kommen, atmen, selbst sein, lachen, in gelöster Freiheit gehen. Das Buch Ijob erzählt in erregten Sätzen davon. „Sagte ich: Mein Lager soll mich trösten, mein Bett trage das Leid mit mir, so quältest du mich mit Träumen, und mit Gesichtern jagtest du mich in Angst. Erwürgt zu werden, zöge ich vor, den Tod diesem Totengerippe … Was ist der Mensch, dass du groß ihn achtest und deinen Sinn auf ihn richtest, dass du ihn musterst jeden Morgen und jeden Augenblick ihn prüfst? Wie lange schon schaust du nicht weg von mir, lässt mich nicht los, so dass ich den Speichel schlucke?“ (Ijob 7,13–19). Immer wieder werden solche Ausbrüche verwechselt mit dem kalten Abfall in die Gottlosigkeit, mit dem bedauernswerten Verlust des Glaubens. Und es könnte doch zunächst wenigstens das leidenschaftliche Interesse sein, den Platz frei zu bekommen, über die Mauer zu springen, Raum zu gewinnen für den eigenen Atem. Gott gegenübertreten in Andacht und Freude heißt für Ijob ganz schlicht und direkt: Platz haben. Und Platzbeschaffungsaktionen werden in den religiösen Traditionen immer wieder notwendig. Auch im Evangelium Jesu ist diese Absicht am Werk. Das Gespräch am Jakobsbrunnen ist bewegt von der Frage nach dem eigentlichen Ort der Anbetung, die von den Juden und den Samaritern verschieden beantwortet wird. Die Antwort Jesu ist mit aller Deutlichkeit auf die alte sakrale Geographie gerichtet: „Die Stunde kommt, zu der ihr weder auf diesem Berg noch in Jerusalem den Vater anbeten werdet … aber die Stunde kommt und sie ist schon da, zu der die wahren Beter den Vater anbeten werden im Geist und in der Wahrheit“ (Joh 21,23). Wer an der Aktualität dieses entschiedenen Wortes zweifelt und es als längst eingelöst ansieht, mag sich in Jerusalem heute an Ort und Stelle umsehen. Der alte Zwist um den Gottesberg, um Tempelplatz und Zionshügel ist so virulent wie in den Tagen Jesu. Seine Einebnung der spirituellen Berge scheint heute wie damals die religiöse Mentalität zu überfordern. Die Lust der Exklusivität treibt die Rivalen mit überirdischer Gewalt gegeneinander. Alte Überlieferungen, jüdisch, christlich, islamisch, die sich alle ehrwürdig nennen lassen und sich auf die Weisheit des Althergebrachten berufen, lassen das Wort Jesu beiseite liegen. Die geistlichen Autoritäten könnten es in Erinnerung bringen und es der Politik leichter machen, über die alten Fixierungen hinweg praktische Lösungen zu finden. Der eingezäunte Gott empfiehlt sich als der wahre, der intensiv erfahrbare Gott, inmitten einer Lebensart, die sich aus allen Klammern befreit hat und auch über die sperrige Größe *Gott* hinweggekommen zu sein scheint. Die Fronten verkrallen sich in eine bewegungslose Alternative, in der die Offenheit gegen die Geschlossenheit gesetzt wird, ohne gleichzeitig zu erkunden, wie das eine zum anderen gehört.

In der Gottesbeschreibung, die in den Äußerungen der konsumorientierten westlichen Gesellschaft zu hören sind, ist das Moment der Enge sehr schwach gezeichnet. Das ist viel mehr ein Defizit als eine Errungenschaft, über die man nur froh sein kann. Denn das Leben gelingt nicht einfach in der bequemen Ausbreitung der Zellen. Denken Sie zuerst und ohne weitere Tiefsinnigkeit an den schmalen Durchlass der leiblichen Geburtswege. Das Kind wird gepresst, es kündigt seine Entbindung durch Wehen an und zwängt sich ins Freie. Die Geburtshilfe hat allerhand Erleichterungen und Milderungen für den Vorgang erfunden, aber immer noch ist es diese Passage, durch die der Mensch normalerweise auf die Welt kommt. Und in der Welt angekommen, steht ihm diese nicht sperrangelweit offen. Die Anthropologie ist unermüdlich dabei, die Checkpoints des Lebens zu schildern, an denen geprüft, gedrückt, gefiltert wird. Wie oft verengen sich die Wege und Straßen zu Tunnels, Klettersteigen, Höhlengängen, Schlupflöchern, man muss sich dünn machen, ducken, um durchkriechen zu können. Klaustrophobische Gefühle sind so häufig wie die Platzangst. Auch hier fällt einem Nestroy ein: „Es glaubts kein Mensch, was der Mensch alles braucht, bis er halbwegs einem Menschen gleichsiecht.“ Aber warum diese Nötigung durch die engen Stellen? Warum rutscht der Mensch nicht frei

durchs Gelände, hemmungs- und hindernislos? Was ist denn gewonnen, wenn das Leben durch die Presse getrieben wird?
Die Bibel nimmt auf ihrer Ebene das Thema auf, sie spricht in zahllosen Variationen vom bedrängenden Kommen Gottes. Was immer die Nähe des Heiligen bringen mag, Höhe, Weite, Grenzenlosigkeit, Fülle, Totalität und Berührung – es kommt eigentlich nie zustande ohne ein gegenläufiges Moment. Ich nenne es den *göttlichen Engpass.* Immer wieder richtet sich vor dem Volk, vor dem einzelnen Israeliten, vor den Machthabern, Charismatikern und Ohnmächtigen, vor Gottkennern und Laien die verwehrende Unebenheit auf, die eine Änderung der Bewegung erzwingt. Es ist nicht möglich, ganz ebenerdig und plattfüßig ins Heiligtum zu gelangen. Jesus hat dazu das prägnante Wort gesprochen: „Bemüht euch mit allen Kräften, durch die enge Tür zu gelangen; denn viele, sage ich euch, werden versuchen hineinzukommen, aber es wird ihnen nicht gelingen" (Lk 13,24). Dieser Imperativ richtet sich schroff gegen ein Gottwesen, dem nichts lieber ist als die willfährige Liebe, das sich wehrlos in den unmittelbaren Genuss verkneten lässt, das spurlos, ohne eine Unebenheit aufzuwerfen, hineinvermixt wird in die glatte Fahrbahn, die überall hinführt. Wer sich in dieser Sache nicht bei prominenten Insidern der christlichen Religion erkundigen mag, kann es tun bei Ludwig Wittgenstein, der gewiss ein eindrucksvolles Paradigma des modernen Denkens geliefert hat. Der junge Philosoph meldet sich beim Ausbruch des Ersten Weltkriegs freiwillig zum Militär, rückt zur österreichischen Armee ein, macht den ganzen Krieg mit und landet schließlich in italienischer Gefangenschaft. Was hat ihn zu diesem Schritt bewogen? Abenteuerlust? Freude an der Gewalt? Nationalismus? Wittgensteins Auskunft dazu weist in eine andere Richtung. Er geht in den Krieg, um in der Enge der Todesgefahr das „echtere" Leben zu finden. Auf diesem wenigen Boden, in der Einschnürung der Möglichkeiten hofft er, wesentlich gemacht zu werden. Auch seine anderen Projekte, der Eintritt in ein Kloster, der Versuch, als Volksschullehrer zu arbeiten, der Plan einer radikalen Lebensbeichte, waren von dieser Hoffnung eingegeben. Zahlreiche Eintragungen in seinen Tagebüchern zeigen, dass ihn das Verhältnis von Weite und Enge, Offenheit und Geschlossenheit stark beschäftigt hat, keineswegs als Pro-

blem seiner Schreibtischgedanken, sondern im existenziellen Sinn der Lebensgestaltung. Der Geist seiner Zeit hatte nach seinem Gefühl „keine Sprungfedern unter den Füßen".

Der große Titel *Offener Himmel* treibt unsere Glaubensgedanken gewiss ins Freie, aber wir lernen auch, wenn wir uns ihrer Logik überlassen, dass der Gewinn des freien Raumes durch enge Passagen hindurch geschieht. Wir bewegen uns nicht in einer platten Alternative: entweder geschlossen oder offen, als könnte das Glaubensleben so oder so münden. Man erlebt heute die Gleichzeitigkeit der gegensätzlichsten Mentalitäten. Die einen flüchten aus dem geschlossenen Himmel, die anderen in den geschlossenen Himmel. Aber der Rhythmus des Evangeliums verbindet beide Momente, er drängt in die Offenheit und bleibt immer gespannt im Einsatz, der dafür zu leisten ist. Wer anklopft, dem wird aufgetan.

Nach diesem Rundgang sammle ich in vier Punkten, was sich an Öffnungen des Himmels gezeigt oder nahegelegt haben mag.

1. Es geht mir um die plötzliche Aufmerksamkeit, in der die greifbarsten Dinge ungewöhnlich werden, alle Selbstverständlichkeit verlieren, sich frisch anfühlen, wie in der Sekunde ihres Entstehens. Einer der Namen des Himmels ist nach alter Erfahrung *Unruhe.*

2. Die Ökumene der Geschöpfe ist vor unseren Augen im Wachsen, wir sind erstaunt, zuweilen entsetzt über die Herkünfte, die uns wissenschaftlich nacherzählt werden. Wir sind auf sehr engen Platz gesetzt, das wachsende Drängen der Menschenmassen, die Enge an den Wasserstellen, das Gewimmel überflutet den Überblick. Doch es gibt einen Namen für alles, und einen Geber der Namen.

3. Die globale Sichtbarkeit und Hörbarkeit der menschlichen Stimmen verstärkt in der heutigen Zeit die Differenz und die Konkurrenz der Glaubensformen. Zugleich wächst die alte Ungeduld mit dieser Vielfalt und beschleunigt die Versuche, die Einheit der religiösen Welt herzustellen. Diese Ungeduld im Lauf der Geschichte hat schon genug Opfer gekostet. Ihre Energie sollte besser dafür eingesetzt werden, dass das Spiel offen bleibt. Weder theologisch noch charismatisch noch politisch kann es in einen definitiven Endzustand gebracht werden.

4. Der Himmel ist für alle zugänglich, aber der Himmel hat eine Schwelle. Man muss die Füße heben, um hineinzukommen. Niemand ist befugt, aus der Schwelle eine Sperre zu machen und diese kraft eigenen Wissens und eigenen Willens zu bedienen.

Schlussbemerkung:
Ich habe mich schon oft gefragt, warum ich von Kindsbeinen an bis heute so gern Märchen lese, Wundergeschichten und Legenden, und warum ich mich für diese Lektüre nicht schäme, so wenig wie für die Liebe zu den Kriminalromanen, die ja eine Variante der Märchen sind. Ich bin darauf gekommen, dass es vor allem die Freude an der Vermehrung der Möglichkeiten ist. Habe ich mich nicht schon früh genug als Kind geärgert und daran auch gelitten, dass das Instrumentarium der Welt nicht ausreichte, um in den wechselnden Situationen die bessere Lösung zu finden? Im realen Hühnerstall meiner Mutter war der Fuchs allemal schneller als die schwer gefiederten Hennen. Wie gut wäre es gewesen, wenn der Pflug meines Vaters auf eine Truhe mit Schillingen gefahren wäre. Wenn sich Armut in Wohlhabenheit gewandelt, wenn sich Schnelligkeit, Kraft und Pfiffigkeit im Augenblick multipliziert hätten! Das Märchen erlaubte mir, die Schmalspur der realen Kausalitäten zu verlassen, aus ihrer Enge auszubrechen. Das macht keineswegs immer rechtzeitig halt vor der Schranke der Theologie, um sich von dieser zurechtweisen zu lassen mit der Belehrung darüber, was zu wünschen erlaubt ist und was nicht. Es ist so viel von der Allmacht die Rede, im Moses- wie im Jesusbuch, dass es doch nicht ganz verkehrt sein kann, wenn sich der Wunsch einstellt, es möge davon etwas mehr in das menschliche Können geflossen sein. Heißt es nicht: *Seid vollkommen wie euer Vater im Himmel vollkommen ist?* Und: *Bei Gott ist kein Ding unmöglich?* Alle Kompetenzen, die wir in unserer ordentlichen Sprache herabsetzend Zauberei, Magie, Schwarz- und Weißkunst nennen, können doch auch nur aus der einen Quelle kommen? Warum nicht etwas mehr Transfer der Möglichkeiten zulassen von hoch oben nach tief unten? Nun ja, alsbald wird mir klargemacht, dass die Dinge anders laufen. Dass ich mich zu bescheiden habe mit dem zugewiesenen Gelände und den eingeräumten Kompetenzen. Bei meiner Sprache

bleibend kann ich also sagen, dass die Rede vom offenen Himmel eine Antwort gibt auf den Wunsch, trotz allem aus der Haut fahren, das Gehäuse der Dummheit räumen zu können. Mit dem *Himmel* ist mehr möglich als mit dem Wunderwerkzeug der Märchen, weil er die Bahn der ekstatischen Verwandlung öffnet. Der totale Bestand der Existenz wird einer Metamorphose übereignet, in der sich die Kraft und die Schönheit des Lebens im Übermaß durchsetzen. Der Reichtum an Möglichkeiten, von dem das Geschöpf in seiner beengenden Welt träumt, wird nicht verweigert, auch nicht einfach verschoben, sondern in eine größere Dimension gehoben. Die Himmelfahrt, die uns allen, wenn es gut geht, bevorsteht, ist aber immer noch eine große Fuhre an Neugier, an ungestillten Bedürfnissen, an unsauberen, ungehörigen Wünschen, an der Packung, die man von der Welterfahrung her auf dem Herzen hat. Warum diese verschlungenen Wege gehen müssen? Warum die Kosten an Blut und Angst und Rätselhaftigkeit? Sollte Gott, dem nichts unmöglich ist, sein Zelt nicht so spannen können, dass es seine Gäste animiert, furchtlos und ohne Scham zu reden?

Offener Himmel II

Während der ersten Periode des Zweiten Vatikanums wurde in Rom folgende Anekdote erzählt. Eugene Tisserant, der Dekan des Kardinalskollegiums, war einer der Präsidenten des Konzils und hatte eines Tages die Vollversammlung zu leiten. Als ein Konzilsvater in seiner Rede sehr weit ausholte und außerdem anfing, seinen Mitbrüdern intensiv zuzureden, unterbrach ihn Tisserant ziemlich barsch. Er möge sich, sagte er dem Redner, kurz fassen und seine Mahnungen einstellen, denn, so der Vorsitzende wörtlich, „praedicatoribus non praedicatur!" – Denen, die das Predigtamt innehaben, wird nicht gepredigt.
Die Szene in der Peterskirche bietet einen treffenden Sketch zum Thema *Demokratie in der Ecclesia Romana.* Mitten in einer Versammlung, die grundsätzlich nach der demokratischen Regel der Gegenseitigkeit verlaufen soll, setzt sich im Zuruf des Kardinals ein Imperativ der monokratischen Autorität durch. Das Ohr als das Organ der Entgegen-

nahme wird aus der Konzilsaula verbannt, nach draußen verlegt. Die bischöflichen Mitglieder der Versammlung reden im Grunde nicht zueinander und nicht miteinander, sondern in Richtung einer Adresse außerhalb, auf das Kirchenvolk hin.

Ich spinne jetzt von dieser Anekdote aus einige Gedankenfäden zu dem Thema, das uns die eben geschehene Papstwahl in prachtvoller Sichtbarkeit nahegebracht hat: Der Heilige Geist und die Kirchenverfassung. Die Kirche stellt ja in ihrem Selbstverständnis den Himmel dar, sie ist das irdische Zeugnis dafür. Ihre Gesten, ihre Bewegungsformen, ihre gemeinschaftliche Struktur spiegeln die Realität, für die sie existiert. Der offene Himmel, von dem wir in dieser Woche sprechen, wird in der römisch-katholischen Kirche von Mal zu Mal repräsentiert durch ein *Konklave.* Wörtlich übersetzt bedeutet der Ausdruck *Einschließung, Einsperrung.* Dem Wortspiel, das man damit veranstalten könnte, entspricht ein sehr realer Sachverhalt: Das Konklave sind die zur Wahl des Papstes berechtigten Kardinäle, christliche Männer, nicht älter als achtzig, auf engem Raum versammelt, der in früheren Zeiten sogar vermauert wurde, aber auch heute noch streng von der Öffentlichkeit abgeschlossen wird. Die Wahlkardinäle und alles assistierende Personal sind zur unbedingten Geheimhaltung der Vorgänge verpflichtet, die Medien werden nicht bedient, das wichtigste Instrument der Kommunikation ist der Rauchfang, durch den das jeweilige Ergebnis des Wahlganges signalisiert wird. Arrangements dieser Art haben suggestive Kraft, die weit über ihre artistische Konstruktion hinaus wirkt. Das Konklave – ein anstiftendes, abschreckendes, tiefsinniges, ein missverständliches Zeichen? Der Ritus hat seine Faszination, weil er demokratische und monarchische Elemente in geheimnisvoller Weise mischt. Die Kardinäle wählen aus ihren Reihen den absoluten Chef. Das ist keine ironische Übertreibung, denn das kirchliche Gesetzbuch (*Codex Iuris Canonici*) definiert die Befugnis des Papstes, der aus dem Konklave hervorgeht, mit präziser Kürze und Deutlichkeit: „Gegen ein Urteil oder ein Dekret des Papstes gibt es weder Berufung noch Beschwerde" (Can. 333 § 3). Damit ist die konkrete Lage angegeben, in der sich alles zusammendrängt, was an Wünschen und Unzufriedenheiten vorhanden ist.

Die wohl stärkste Option, die in der katholischen Luft liegt, ist die Demokratie. Was aber in der Luft liegt, ist noch nicht auf der Erde angekommen, es kündigt sich an, es wird landen, und was in der Luft liegt, hat meistens alle günstigen Gefühle für sich. Es fliegen einem Stimmen aus vielen Richtungen und Zeiten zu, die von der Demokratie überhaupt sprechen, sie loben und empfehlen, aber auch Stimmen, die sie für die Kirche fordern. Aus allen spricht die Überzeugung, dass es die bessere Gemeinschaftsform ist. Das Wort *Demokratisierung* wird oft zu einem Imperativ, der unbedingte Zustimmung verlangt, einer Art Heilsvokabel, in dem alles versammelt ist, was die modernen Menschenrechte Positives enthalten. Wie jetzt in der Irakpropaganda der Politik. Das Scheltwort *undemokratisch* enthält einen Vorwurf, der längst weiter reicht als die Forderung nach einem angemessenen Verhalten in bestimmten Vorgängen oder Funktionen. Es ist ein hochmoralisches Urteil. Denn wer undemokratisch agiert, ist rückständig, reaktionär, autoritär, totalitär, machtbesessen, jedenfalls nicht auf der Höhe der Humanität, zu der alle Zeitgenossen verpflichtet sind. Sie wissen, wie das klingt.

Ein Theologe, der in der Öffentlichkeit längst zu den Gegnern kirchlicher Demokratie gerechnet wird, der auch seine kritischen Vorbehalte gegen eine Demokratisierung der römisch-katholischen Glaubensgemeinschaft laut von sich gegeben hat, schreibt Folgendes: „Jede Stunde bringt Chancen und Gefahren für die Kirche, auch die heutige. Es ist töricht und unkritisch zu meinen, erst heute könnte die Kirche ihren wahren Verfassungsauftrag richtig erfüllen; es ist nicht weniger töricht und unkritisch, zu meinen, das Heute habe der Kirche nichts zu sagen, und sie könne sich ruhig ins Gewordene verschließen: Auch und gerade das Zeitalter der Demokratie ist ein Anruf an sie, dem sie sich kritisch und offen zugleich zu stellen hat." Die Kirche, so der Theologe, könne und dürfe sich nicht in eine Parteien-Demokratie umwandeln. Umso dringlicher aber sollte sie ein wesentliches Grundelement moderner Demokratie übernehmen, nämlich die unabhängige Rechtspflege und den Rechtsschutz des Einzelnen vor Verwaltung und Exekutive, der nur so gesichert werden kann. Der Theologe hat mit oder trotz dieser Forderungen Karriere gemacht und sitzt heute als Benedikt XVI.

auf der Cathedra Petri: Joseph Ratzinger.[1] Er hat seine klaren Sätze 1970 veröffentlicht. Die Zeit seither hat nicht dazu gedient, seine Vorschläge zu realisieren, und das kann auch mit dem Aufstieg in die hohe Führungsposition zu tun haben. Die Forderung, die einmal eingeleuchtet hat, leuchtet nicht mehr ein, jedenfalls nicht mehr so stark, dass daraus eine Strukturänderungsaktion entstehen könnte. Wir kennen aus der Kirchengeschichte nicht wenige Biographien, in denen diese Schaltung von der Demokratiefreundlichkeit zur Demokratieabstinenz verbunden war mit dem Wechsel in der Funktion. Ein eindrucksvolles Beispiel dafür ist Papst Pius II. (1458–1464). Der Adelige Enea Silvio de Piccolomini hatte in seiner vorpäpstlichen Zeit mit großer Entschiedenheit für das Konzil von Basel gearbeitet und war für die Stärkung der Autorität des Konzils gegenüber dem Papst eingetreten (Konziliarismus): Im Streitfall sollte es eine Berufung geben, von der Entscheidung des Papstes an die höhere Instanz des Konzils. Es ging dabei noch gar nicht um das volle Maß einer Kirchendemokratie, sondern um ein Stück Kollegialität auf der Rangebene der Bischöfe. Immerhin war das ein demokratisches Teilelement, umso bedeutsamer, als das Konzil damals durch die Kooptierung von Personen aus den staatlichen Machtbereichen auch für den Einfluss von Laien offen war. Kaum war der Mann zum Papst gewählt, aus dem Aeneas der Pius geworden, verwarf er den Konziliarismus mit drastischen, hoheitlichen Worten: „In unserer stürmischen Zeit kam der verfluchenswerte und in früheren Zeiten noch nicht dagewesene Mißbrauch auf, dass manche, vom Geist des Aufruhrs erfüllt … vom römischen Bischof, dem Stellvertreter Jesu Christi … an ein künftiges Konzil Berufung einzulegen wagen … In der Absicht, dieses verderbliche Gift von der Kirche Christi weit fortzutreiben … verurteilen wir deshalb derartige Berufungen und verwerfen sie als irrig und verabscheuungswürdig."[2] Der Absolutismus der päpstlichen Autorität war zu jener Zeit schon so ausgewachsen, dass allein der Gedanke einer realen, praktizierten Kollegialität als Abweg vom rechten Glauben angesehen werden konnte. Ein gutes Jahrtausend

1 J. Ratzinger/H. Maier, Demokratisierung der Kirche? Limburg 1970.

2 Denzinger Hünermann 1375.

früher scheint in den christlichen Gemeinden des dritten Jahrhunderts die Angst vor einer Bindung des bischöflichen Amtes an das Urteil des Kirchenvolkes nicht so groß gewesen zu sein. Cyprian, der Bischof von Carthago († 258 n. Chr.) hätte sonst nicht schreiben können: „Deshalb muss sich auch eine Gemeinde, die den Geboten des Herrn gehorcht und Gott fürchtet, von einem sündigen Vorsteher trennen und darf nicht an den Opfern eines gottlosen Priesters teilnehmen, da ihr vor allem die Macht zusteht, würdige Bischöfe auszuwählen oder unwürdige abzulehnen."[3]

Wir könnten jetzt in langen Ausflügen in den Galerien der Tradition nach den Spurenelementen der kirchlichen Demokratie suchen und ohne Zweifel viele Unterschriften für dieses Anliegen sammeln. Ich zähle stattdessen in loser Reihenfolge auf, was nach meiner Wahrnehmung heutzutage manchmal recht quer durcheinander in der Luft liegt.

1. Es gibt eine Pflicht der Kirche, sich den menschheitlichen Regeln des Verkehrs und der Kommunikation anzuschließen. Das wird ihr von der Autorität des Glaubens nahegelegt, den sie zu bezeugen hat.

2. Die Kirche möge sich mit ihrem ganzen organisatorischen Gerüst in redlicher Offenheit der heutigen Demokratie stellen.

3. Es gibt überschwängliche Erwartungen, mit einer gründlichen Aneignung demokratischer Formen ließen sich alle Schwierigkeiten und Defizite der heutigen Kirchenlage sanieren. Damit ist auch die Idee verbunden, dass eo ipso gut ist, was alle oder viele tun.

4. Die Bereitschaft des Einsatzes in den Gemeinden meldet sich in einem Maß, das es bislang in der kirchlichen Tradition nicht gegeben hat, eine Offenheit für die Sache des Evangeliums, die alle angeht und von vielen mit Energie angeeignet, mitgetragen und nicht nur gehorsam befolgt wird.

5. Damit sind Wünsche und Vorstellungen vermischt, die dem Konzept des biblischen Glaubens widersprechen. Ich nenne nur die Tendenz, den religiösen Glauben auf Moral zu reduzieren.

3 Cyprian, Cypr. epist. 67,3.

Die Kirche weiß längst aus ihrer eigenen Geschichte: Das Böse und Dumme in ihr ist zusammengesetzt aus dem, was der christliche Pöbel und die hohen Pfaffen verübt und die Theologen doktrinär legitimiert haben. Die Päpste standen gegen den Antisemitismus des frommen Kirchenvolkes und sie waren zugleich immer wieder die Anstifter heiliger Kriege, Erzeuger von aggressiven Glaubensstimmungen, Nutznießer von flutenden Glaubensängsten. Dafür gab und gibt es die willigste Gefolgschaft. Alles wird zum Fahrzeug des Dumm-Bösen. Es gibt keine Garantie dagegen. Die eigene Tradition nötigt der Kirchengemeinschaft die Frage nach ihrer Wahrheitsfähigkeit und Fehlbarkeit auf und zielt auf die einzelnen Personen, das Kollektiv, die monarchischen, demokratischen und generell alle Ordnungsformen. Die Bibel unterwirft sowohl den einzelnen Autoritätsträger wie auch das Volk der religiösen Kritik; die Fehlbarkeit wird dem König, dem Propheten, dem Priester und der Volksversammlung nachgewiesen, es gibt keine Unschuldsflecken, nichts ist dieser Überlieferung fremder als die romantische Vorstellung vom guten Volk. Es liegt nahe, sich an dieser Stelle an die theologische Idee der Erbsünde zu erinnern. Sie sagt zur Weltlage des Menschen: Niemand ist ausgenommen, keine Seite ist immun, alle stehen unter dem lockenden Verhängnis des Bösen, individuell wie kollektiv. Vielleicht hat der Philosoph Hegel daran gedacht, als er schrieb: „Einem demokratischen Volke z. B., mit eigennützigen Bürgern, streitsüchtig, leichtsinnig, aufgeblasen, ohne Glauben und Erkenntnis, schwatzhaft, prahlerisch und eitel, einem solchen Volke ist nicht zu helfen; es löst sich in seiner Torheit auf."[4] Der scharfe Satz fördert jedenfalls die realistische Ahnung, dass es keine Auflösung nach einer der beiden Richtungen gibt, dass Monarchie oder Demokratie kirchlich nicht simpel zur Wahl stehen, sondern dass die Glaubensgeschichte im Guten wie im Bösen eine Zirkulation des individuellen und des kollektiven Verhaltens ist.

Die christlichen Kirchen haben die Frage, für welche Verfassung die göttliche Offenbarung spricht, sehr verschieden beantwortet, und ein hohes Quantum ihrer Unterscheidung besteht in der jeweiligen Be-

4 G. W. F. Hegel, Vorlesungen über die Ästhetik (Werke 15), Frankfurt 1986, 527.

hauptung, dass die konkret gewählte Kirchenordnung der Absicht Gottes am besten entspricht. Man könnte angesichts der Vielfalt dieser Herleitungen zu dem Schluss kommen, dass es wahrscheinlich gar keine Absicht Gottes gibt, er es vielmehr dem Willen seiner Gläubigen überlassen hat, in welchen Gemeinschaftsformen sie leben wollen. Das Gewicht des Problems wird jedenfalls relativiert. Alle Kirchen müssen sich fragen, wie viel Bedeutung und Energie sie der Sache im Verhältnis zum Gotteszeugnis widmen wollen.

Mit diesem einschränkenden Vorbehalt kann der theologische Grundsatz für die Betrachtung des Problems in folgender Weise ausgesprochen werden:

Der Geist Gottes bringt als Schöpfer und absoluter Anfänger das endliche Bewusstsein in Bewegung. Er öffnet alle Möglichkeiten der Vergewisserung, der Erkenntnis und der Entscheidung und initiiert so das Prinzip Freiheit. Als helfender Beweger gibt er Kraft und Gelegenheit, das Wahre zu finden, das Gute zu wollen, das Rechte zu tun. Als heilender Vollender versammelt er die Gemeinschaft der Freunde Gottes, die Ökumene der Geschöpfe. In allen Phasen wirkt er gleich ursprünglich in den einzelnen wie in der Gemeinschaft, individualisierend und kollektivierend, in der ganzen zirkulären Bewegung des Lebens. Das wird dem Heiligen Geist in besonderer Weise zugeschrieben, weil er in Gott das Band der Liebe (vinculum amoris) zwischen Vater und Sohn, zu den Geschöpfen hin die göttliche Macht der Kommunikation ist.

Auf dem Weg der vorbehaltlosen Mitteilung werden *alle* mit Leib und Seele heilsfähig gemacht, mit anderen, heutigen Worten ausgedrückt: Alle werden zu kompetenten Subjekten der Wahrheit des Evangeliums. Diese Überzeugung äußert sich im Neuen Testament in klaren Sätzen: „Allen gab er (der geisterfüllte Messias) Macht, Kinder Gottes zu werden“ (Joh 1,12), oder: „Ihr habt nicht einen Geist empfangen, der euch zu Sklaven macht, so dass ihr euch immer noch fürchten müsstet, sondern ihr habt den Geist empfangen, der euch zu Söhnen macht …“ (Röm 8,15), und noch einmal: „Ihr habt die Salbung von dem, der heilig ist, und ihr alle wisst es … Für euch aber gilt: die Salbung, die ihr von ihm empfangen habt, bleibt in euch und ihr braucht euch von niemand belehren zu lassen. Alles, was seine Salbung euch lehrt, ist wahr und keine Lüge“ (1 Joh 2,20.27). Die Apostelgeschichte bringt wörtlich Joel 3,1–3: „In den letzten Tagen wird es geschehen, so spricht Gott: ich werde von meinem Geist ausgießen über alles Fleisch. Eure Söhne und eure Töchter werden Propheten sein, eure jungen Männer werden Visionen haben, und eure Alten werden Träume haben. Auch über meine Knechte und Mägde werde ich meinen Geist ausgießen in jenen Tagen und sie werden Propheten sein“ (Apg 2,17–18).

Daraus ergibt sich, was Medard Kehl in einem lakonischen Grundsatz zusammengefasst hat: „Diese geistgewirkte Gleichrangigkeit aller im Glauben bildet das Fundament jeder kirchlichen Lebensordnung und Struktur.“[5] Sie ist aber, wohlgemerkt, das eine Element eines Zirkels, in den noch das andere gehört: die plötzliche Gnade. Denn alle sind geisterfüllt, fähig und gerufen, das aus dem göttlichen Sein hereinbrechende Evangelium zu bezeugen. Die Urbewegung ist ein Rhythmus aus unableitbarem Einfall und universaler Berührung. Der Einfall geschieht vertikal in der berufenen Person des Stifters, des Apostels, im Genie der religiösen Erfahrung. Die Berührung dagegen breitet sich horizontal nach allen Richtungen aus. Exklusive Einmaligkeit und inklusive Beteiligung spielen ineinander und weben das Gefüge der Gemeinschaft. Welche konkreten Sozialformen werden dafür gefunden werden? Welche Gemeinschaftsordnung wird diesem Rhythmus am besten entsprechen? Die Geschichte der Kirchen, auch der römisch-katholischen, bezeugt die Suche danach, und die vielen und oft heftigen Konflikte haben ihre Ursache häufig in der Meinung der einzelnen Kirchen, dass sie die Suche erfolgreich beendet und die Lösung gefunden haben.

Das Defizit im römisch-katholischen System liegt faktisch in der Bremsung der Zirkulation, durch die der Rhythmus ganz auf den Fuß des Papstes abgestellt und dort fixiert wird.

Die Lösung der Fixierung kann nicht darin liegen, dass die Zirkulation in die andere Richtung aufgelöst und in einer radikaldemokratischen Contraposition festgemacht wird. Nicht aufzulösen wäre die Zirkulation, sondern besser in Gang zu bringen, und das brächte Vorteile für

5 M. Kehl, Die Kirche, Würzburg 1992, 106.

alle Seiten. Der Priester ist nicht bloß der Beauftragte der Gemeinde, sondern steht dieser mit religiöser Autorität gegenüber. Aber auch die Gemeinde ist nicht bloß das Objekt der priesterlichen Aktion, sondern steht zu dieser im Verhältnis einer Glaubensautorität. Es ist nicht schlecht gedacht, wenn der kollektiven Wahrheitskompetenz gegenüber eine individuelle steht, damit sie in ihrer Fehlbarkeit korrigiert und kontrolliert wird. Aber dafür wäre auch die Gegenbewegung wahrzunehmen: Dass der Papst korrigiert und kontrolliert werden kann. Warum sollte das ausgerechnet in einer religiösen Gruppe nicht gelingen, die fortwährend ihre Demutsbereitschaft laut äußert? Und sollte es nicht nützlich sein für den religiösen Haushalt der Kirche, dass alle wirklich gegenseitig werden im Gespräch, alle nicht nur von ihrem Mundwerk, sondern auch von ihrem Gehör Gebrauch machen? Auch der Papst?

Ich spüre keine Befugnis, dogmatische Prognosen zu verkünden, wie sich die kirchliche Zukunft zu gestalten hat. In mir rumoren nur simple Vermutungen, und davon will ich nun noch einige aufzählen.

Erste Vermutung: Der Stoß Jesu in die Situation seiner Zeit richtet sich mit größter Energie auf die Frage nach Gott. Daher sein Ruf: *Sucht zuerst das Reich Gottes, alles andere kommt dazu* (Mt 6,33). In der Kirche wird heute von vielen Seiten die Umkehrung dieses Imperatives betrieben: *Tut alles für die Kirche, das Reich Gottes kommt sowieso irgendwie.* Die Kirchenstimmung ist deistisch geworden. Gott ist ein erledigtes Thema, er dient verschwommen als ferner Horizont, irgendwie vorausgesetzter Hintergrund, vor dem die Selbstbeschäftigung und Selbstbefriedigung der Kirche geschieht. Zu viel Kirche ist wohl in jedem Fall zu viel, demokratisch wie monarchisch, wenn sie nämlich dazu verführt, die kurze Lebenszeit mit autistischen Ordnungsproblemen zu vertun, statt nach den Quellen des religiösen Lebens zu graben, die Neugier zu wecken auf alle, die etwas wissen und spüren von Tod, Freude, Liebe, Leid, Gnade, Sinn, Gott.

Zweite Vermutung: Das maßgebende Buch der Christenheit dokumentiert eine Gottesgeschichte, in der zwei Impulse gleichzeitig auf die heutigen Leserinnen und Leser eindringen. Der Ruf zur Sache Gottes, sie anzufangen und bei ihr zu bleiben. Und die Sorglosigkeit, mit der sie dem Lauf der Zeit anvertraut wird, dem vielfältigen Personal, den großen Einzelnen wie den Familien, Sippen, Zirkeln, Gruppen, Stämmen und dem Volk. Auch zu den Vielen hat sich Gott gewagt, auch dort lässt er sich sagen und bezeugen. Die Offenbarung Gottes ist auf der menschlichen Ebene nicht zu lösen vom Prozess der Alphabetisierung, der Entstehung der Schrift, des Buches, der Entwicklung des Lesens, der Schule. Die Art seiner Mitteilung provoziert die wachsende Mündigkeit der Empfänger. Sollte nicht eben in diesen Vorgängen der Heilige Geist am Werk sein, *der in die Wahrheit einführt* (Joh 16,13)? Daher scheint es an der Zeit zu sein, nicht nur bei günstigen Gelegenheiten vom Glaubenssinn der Kirchenmitglieder zu sprechen, sondern ihnen das Urteil im Glauben praktisch zuzutrauen und institutionelle Möglichkeiten zu suchen, dass es auch praktisch in der kirchlichen Entscheidungsfindung eingebracht wird. Dafür gibt es gut überlegte, maßvolle und praktikable Vorschläge. Wird die offene und variable Verfassung der Urkirche als Kriterium genommen, ist es durchaus möglich, das monokratische Element der Kirchenleitung effizient mit dem kollegialen Element zu verbinden.

Dritte Vermutung: Wo zwei oder drei beisammen sind, kann sich auch der Teufel dazutun. Zum einzelnen Jesus in der Wüste kam der Versucher ebenfalls. In der Frage der Fehlbarkeit ist die Kirche nicht teilbar, sie reicht wie die Unfehlbarkeit vom Papst bis zu den kleinen Laien. Auch die einfachen Leute sind verantwortlich, aus ihnen rekrutiert sich regelmäßig und bereitwillig die Armee der Mitläufer und Mittäter. So waren die Hexenverbrennungen auch große Volksbelustigungen. Also kann die Kirche auch demokratisch sündigen und leere Kulisse werden. Die hierarchischen Meinungsführer können sich nicht darüber erheben oder aus diesem Zusammenhang entfernen. Ihre Fehlbarkeitsleistungen sind zwar in den kirchlichen Hauptbüchern nicht so evident ausgewiesen wie die Unfehlbarkeitsproklamationen, aber sie sind gut bekannt. Die Kämpfe um Rang und Befugnis verdrängen immer wieder die Sacharbeit. Das erfasst alle, die Habenden und die Nichthabenden, denn alle wollen haben. Diese Hypothek liegt auf der Religion, ist ihr erbsündliches Verhängnis, weil die Rolle des Boten wichtiger wird als die Botschaft, und sie scheint schon das Problem in der Jüngerschaft

Jesu gewesen zu sein, wie bei Mt 20,20–28 zu lesen ist. Demokratisierung der Kirche müsste also heißen: gemeinsame Aufrichtigkeit vor der Sünde, die auch zum Material der Tradition zu rechnen ist, auf die wir uns berufen. Und außerdem eine Änderung in der Reihenfolge und Perspektive der kirchlichen Selbstbeschreibungen: Die Fehlbarkeit gehört in die direkte Rede der Kirche, die Unfehlbarkeit in die indirekte Rede.

Vierte Vermutung: Der Heilige Geist ist nicht der Gleichmacher, nicht der Demiurg, der aus der Ewigkeitsvorlage die Menge der Gotteskindlein stanzt, nicht der Schalter, durch den alle Geschöpfe mit gleichen Gefühlen, Gehirnen, gleichem Gedankenvolumen und seelischem Hubraum ausgestattet werden. Die Bibel beschreibt jedenfalls sein Verursachen als Schaffen von Differenz, Pluralität, Komplexität, Gefälle, allen monistischen Mystikern zum Ärgernis. Sie kennt eine Lust am Unterschied. Für die Bibel ist jedoch das Gefälle in *beide* Richtungen ergiebig und sinnvoll, hinauf und hinab. Der Geist garantiert die Erreichbarkeit des göttlichen Sinns aus allen Positionen und das Recht aller auf das Dasein. Christliches Leben aus dem Heiligen Geist heißt Stellung beziehen gegen zwei Formen von totalitärer Überwältigung des Menschen. Einmal gegen die gleichmachende Gewalt, die das bunte vielfältige Menschsein auf eine vorausdefinierte Norm reduzieren will. Und dann gegen Nietzsches brutales Programm vom vornehmen Menschen, der auf dem Weg der Selektion produziert werden soll. Die Verweigerung vor diesen Gewalttätigkeitsprojekten wird glaubwürdiger gelingen, wenn die Kirche sich in ihrer gemeinschaftlichen Ordnung sorgsamer auf demokratische Muster abstimmt. Denn in der demokratischen Organisation ist die Ungleichheit leichter zu ertragen und menschlicher zu leben. Die Schöpfung des Humanwertes der Wahrheit und der Gerechtigkeit wird ausgiebiger, weil mehr Subjekte beteiligt, mehr Nuancen berücksichtigt sind, weil mehr Interessensbefriedigung geschieht.

Fünfte Vermutung: Albert von Köln, der Große genannt (1200–1280), heiliggesprochen, Kirchenlehrer, zwei Jahre Bischof von Regensburg, aus dem Orden der Dominikaner, kommt in seinem Matthäuskommentar zur Stelle, wo Jesus die Jünger fragt: „Für wen haltet ihr mich?“

Er zieht aus dieser Frage den Schluss, was Jesus getan hat, müsse auch der kirchliche Obere tun. Wörtlich: „Und hier liegt der Grund dafür, dass der Amtsträger (*praelatus*) fragen muss, wie die Meinung über ihn ist, sowohl im Volk wie bei den anderen Amtsträgern."[6] Wäre nicht das der Weg heute so gut wie im 13. Jahrhundert: Sich nicht zu gut sein für die Beurteilung durch die Mitchristen der Kirche, in der man lebt? Der Heilige Geist ist nicht das Prinzip des Dunstes, sondern die Macht der Klarheit, wie die Lehre von seinen sieben Gaben sagt. Durchsichtigkeit heißt für das Verhältnis von Personen redlich verbürgtes und rechtlich geschütztes Vertrauen, hieße wohl auch Verzicht auf die alten Unberührbarkeitsprivilegien des Klerus, auf die unbesiegbare Panzerung durch die Immunitätswatte der Demut, hieße mehr verantwortliche Bewegung in der Öffentlichkeit. Warum nicht endlich einmal das geltende Anforderungsprofil für einen Bischof öffentlich diskutieren? Es muss daraus aber um Gottes willen nicht gleich eine gläserne Kirche werden. Das wäre ein Gebäude aus der science fiction, mehr für den großen Bruder der totalen Überwachung gebaut als für Menschen, die von der Kraft ihrer Wahrhaftigkeit Gebrauch machen können.

Sechste Vermutung: Weil der Heilige Geist nach dem Johannesevangelium die Jesusoffenbarung fortsetzt, vermittelt er auch die Art, wie Jesus gelehrt hat. Daraus ist zu entnehmen, dass Jesus sich nicht der logischen Kette *Befehl – Gehorsam – Unterwerfung* bedient, um sein Anliegen ans Ziel zu bringen, sondern sehr konsequent die andere Linie benützt: *freier Anruf – Einsicht – freie Gefolgschaft*. Er appelliert immer wieder an die Menschen seiner Zeitgenossenschaft, von ihren Erkenntnisorganen Gebrauch zu machen, und nicht an deren Unterwerfungsbedürfnisse. Jesus hat sich nicht am militärischen Befehlshabertum orientiert, sondern an den Erkenntnis- und Entscheidungsfähigkeiten freier Menschen. Wer ihn heute bezeugen will, ist „ebenso verpflichtet, die Substanz der Lehre Jesu treu weiterzugeben wie zu versuchen, die

6 „Et hic argumentum, quod praelatus debet quaerere, quae de eo opinio sit tam in plebe quam inter praelatos alios" (Albert von Köln, Super Matthaeum XVI, 15, Opera XXI/2, Münster 1987, 456).

Weitergabe seiner Glaubenserkenntnis von den Prinzipien leiten zu lassen, die die Pädagogik Jesu prägten“ (Gerd Haeffner).

Siebte Vermutung: Wäre es nicht hilfreich und klärend, den Blick auf die Erfahrungen zu richten, die in den christlichen Glaubensgemeinschaften schon gemacht sind mit monarchischen, aristokratischen, theokratischen und demokratischen Verfassungsmodellen? Es ist schon vieles ausprobiert worden, und man weiß darum. Würde dieses Wissen vorbehaltlos betrachtet und ausgetauscht, könnte mancher aufklärender und praktischer Schluss gezogen werden. Und es wäre nicht übel, wenn im Blick auf den Stellenwert dieser Probleme der Habitus sachlicher Gelassenheit wachsen könnte.

Jesus hat sich viel unter freiem Himmel bewegt, er wurde nicht in einem Konklave zum Messias bestellt, er mischte sich unter die Leute, scheute sich nicht, seine Freunde zu fragen, was sie an ihm hatten, er ließ sich berühren von möglichen und sehr unmöglichen Typen – und gab damit wohl das überzeugendste Signal der Offenheit, die auf den Wegen Gottes üblich sein sollte.

Wem gehört Jesus?

Anlass für diesen Text war die Frage, wer authentisch das Wort Gottes interpretieren und über das rechte Verständnis von Leben und Wirken Jesu entscheiden dürfe. Der Text, der in Briefform gehalten ist, wendet sich gegen alle Versuche, Jesus als „heiliges Eigentum" zu betrachten und den Zugang zu ihm an eine Weihevollmacht zu binden. Vielmehr wird betont, dass sich das ewige Wort Gottes abenteuerlich und ohne Sicherheitsnetz in die Zeit hineinwirft und über alle Grenzen und Zuschreibungen hinweg unter den Menschen wirkt.

Seit zwei Wochen, lieber Honorius, liegt Dein Brief auf meinem Schreibtisch. Jeden Tag lese ich die Epistel, und von dem kühlen Zorn, der mir da entgegenschlägt, kriege ich manchmal das Ohrensausen. Du schimpfst mit starker Lunge: „Sie klatschen sich das Evangelium gegenseitig ins Gesicht, nageln einander die Bretter ihrer eifernden Überzeugungen vor das Hirn, sie führen ihre Kirchen wie große Molkereien, die im regionalen Konkurrenzkampf mit anderen Käsereien das eigene Produkt als einmalig verkaufen." Dein Spott gilt den „Gotteseigentümern, den Jesusvermarktern und Gnadenbefugnisinhabern, ihren Überlegenheitsfeiern im Namen Jesu, bei denen sie verkünden, wie bescheiden und wichtig sie sind, die Verwalter des Jesusbehälters". Du hast hauptsächlich die Salzburger Szene vor Augen, die dominierenden Katholiken der römischen Variante und die minderheitlichen anderen Kirchen christlichen Stils. Aber Dein Ton hat etwas Grundsätzliches an sich. Dazu gehört die Bemerkung, „der Teufel gelte allgemein als sehr gescheit und listig, er habe aber offensichtlich auch Gesellen, die du als Dämonen der Einfalt bezeichnest. Diese nisten sich, sagst du, gern in Mentalitäten ein, die im Grund von einem einzigen Kurzschluss leben: dass alles, was sie gut meinen, und sie meinen immer alles gut, identisch ist mit dem Willen Gottes. Die Dämonen der Einfalt sind gegen jede Austreibungskunst immun." Dein Schreiben besteht gottlob nicht nur aus furiosen Kanonaden, in denen Dein Ärger abfährt. Es enthält eine

Reihe von Fragen, die auch außerhalb der Emotionen Bestand haben und verdienen, dass man über sie nachdenkt. Da heißt es immer wieder: *Wem gehört Jesus? Wer besitzt ihn?* Diesem Fragezeichen will ich jetzt nachspüren, ohne Deinen Zorn zu verachten, den wir ein anderes Mal mit einer Flasche Rotwein bearbeiten sollten.

Bis jetzt habe ich immer darüber nachgedacht, *wer* dieser Jesus ist, es kam mir nicht in den Sinn, dass er jemand *gehören* sollte. Du hast mir plausibel gemacht, dass es nicht dumm ist, diese Frage zu betrachten, weil es reale Anlässe dafür gibt. Ich schreibe Dir also, was mir im ersten Anlauf dazu eingefallen ist.

Wir sind seit unserer Zeit am Gymnasium Freunde. Um dieses Verhältnis zu beschreiben, gebrauchen wir ohne weiteres das besitzanzeigende Fürwort. Gottfried ist *mein* Freund, sagst Du, ich nenne Dich *meinen* lieben Honorius. Wir beide sprechen aber auch mit gleicher Selbstverständlichkeit von *meinem* Rucksack, *Deinem* Auto, *unserem* Mittagessen. Schon beim bloßen Nennen dieser Sätze wird einem klar, dass das Pronomen zweimal in sehr verschiedenem Sinn gebraucht wird. Meinen Rucksack kann ich morgen auf den Müll werfen, Du kannst Dein Auto verkaufen und wir können das Mittagessen absagen, weil wir das Recht und die Macht haben, über diese Dinge zu verfügen, ohne um Erlaubnis bitten zu müssen. Aber wir beide können uns nicht in den Container tun, nicht verkaufen und unsere Gemeinsamkeit nicht abbrechen, ohne einander zu verraten und zu zerstören. Was wir unseren *Besitz*, unser *Eigentum* nennen, ist ein bestimmter Bestand an Dingen, Pflanzen und Tieren, an Nutzungen, Patenten und Konzepten. Uns selbst, die freundschaftlich verbundenen Personen, werden wir nie zu diesem Besitztum zählen. Wir betrachten uns gegenseitig nicht als Eigentum. Aus dieser schlichten Erfahrung gelangen wir zur Einsicht, dass die eigentümliche Wirklichkeit des Menschen mit den begrifflichen Ausdrücken *Besitz* und *Eigentum* nicht erreicht werden kann. Die moderne Festlegung der Menschenrechte ist mit großer Konsequenz darauf gerichtet, die personale Qualität zu schützen. Durch diese stehen die menschlichen Individuen außerhalb der besitzbaren Güter, in einem ursprünglichen Bereich, der nur ihnen offen ist. Wenn sie trotzdem zueinander *mein* Vater, *deine* Henriette sagen, dann wird mit diesen Worten kein Besitz angezeigt, sondern die Bereitschaft und Entschlossenheit ausgedrückt, auf freie Weise mit dem Leben anderer Menschen verbunden zu sein, in Freundschaft, Kollegenschaft, Liebe. Du schüttelst wahrscheinlich den Kopf. Denn ich breite Banalitäten vor Dir aus. Wem wird denn nicht bekannt sein, dass Personen nicht besitzbar sind? Lieber Honorius, ich will Dich nicht schulmeistern, sondern uns beide daran erinnern, dass es häufig gerade die so genannten Selbstverständlichkeiten sind, die vor lauter einleuchtender Banalität aus dem Bewusstsein verschwinden. Im praktischen Leben des Alltags sind es immer wieder die Muster des Besitzens und des Eigentumsrechts, die auch in die intimste Sphäre des Zusammenlebens vordringen. Die Umarmung ist oft genug die zärtliche Maske einer Aneignung, einer personalen Okkupation, die dem Opfer keine freie Bewegung mehr gestattet. Um auf den Punkt zu kommen, den Du mit Deiner Frage im Auge hast: Natürlich wissen wir erst recht genau, dass Gott und alles, was mit Gott zu tun hat, niemals Eigentum des Menschen sein kann. Sein unendliches, freies, unbedingtes Sein ist dem Geschöpf in jeder Hinsicht, unter allen Umständen entzogen. Die Geschichte der Religionen aber ist in jeder Phase auch eine Geschichte des Greifens nach Gott, um ihn zu haben. Ich zitiere Martin Buber (1878–1965): „Der Mensch begehrt Gott zu haben; er begehrt nach einer Kontinuität des Gotthabens in der Zeit und im Raum. Er will sich mit der unaussprechlichen Bestätigung des Sinns nicht begnügen, er will sie ausgebreitet sehen als etwas, was man immer wieder vornehmen und handhaben kann, ein zeitlich und räumlich lückenloses Kontinuum, das ihm das Leben an jedem Punkt und in jedem Moment versichert.“ Die Versuche, diese höchste Wirklichkeit in ein weltliches, bestimmten Inhabern zustehendes Eigentum zu verwandeln, machen den Gottespropheten immer wieder zu schaffen. Du kennst das Gebet Salomos, das im ersten Buch der Könige überliefert ist. Er soll es zur Weihe des Tempels gesprochen haben. Im Augenblick, da alle Festteilnehmer den Eindruck gewinnen, dass eine würdige Gotteswohnung geschaffen ist, ein schön begrenzter Aufenthalt für den Ewigen, unterbricht der König die Phantasie mit einem Nein. „Wohnt denn Gott wirklich auf der Erde? Siehe, selbst der Himmel und die Himmel der Himmel fassen dich nicht, wie viel weniger dieses Haus, das ich gebaut habe“ (1 Kön 8,27). Er reißt mit diesem Satz das herrliche Gebäude wieder ein, weil es kein Ort sein kann für den Heiligen. Es gibt keine Gottesbehälter. Die Religion besteht im Wissen darum, dass die Gottheit, die sie bezeugt und bekannt machen will, alle ihre Aktionen, ihre Zustände und Abgrenzungen, alle denkbaren Regionen unendlich überflutet. Das Verhalten der religiösen Gruppen zueinander ist dagegen in einer Art Dauerversuchung immer wieder von der Mentalität des Gotteigentums bestimmt. Ich vermute, dass viele Emotionen, die heute in der religiösen Sphäre aneinanderprallen, aus dieser Quelle kommen, samt ihrer aggressiven Ladung und Rücksichtslosigkeit. Jeder Besitz, und gar, wenn es Gott ist, der uns gehören soll, braucht einen Zaun gegen andere Besitzungen, eine schlagende Sicherung gegen mögliche Einbrüche in das eigene Areal. Du wunderst Dich im Brief darüber, wie denn überhaupt die kindische Vorstellung zustande kommen kann, Gott zu besitzen. Das ist in der Tat sehr verblüffend. Aber ist es nicht auch leicht begreiflich? Heißt es nicht, dass wir alle vor Gott Kinder sein sollen? Kann daraus das spontane Gefühl nicht die Erlaubnis schöpfen, alles fallen zu lassen, was Mündigkeit, Reife, Erwachsenheit, Reflexion bedeutet, und sich allein mit den greifenden Gesten zu behelfen, mit denen das Baby nach der Welt tappt? Die so entfesselten Wünsche machen vor nichts halt. Sie müssen es auch nicht, denn sie sind kindlich, daher fromm und mit einem Passepartout ausgestattet, der sie überall hinbringt. Sie bedienen sich nicht nur der Märchen, der Legenden oder der ungeschriebenen Tagträume. Auch die bekannten Riten, die sakramentalen Zeichen und Begehungen der öffentlichen Religionsübung werden dazu benützt, Gottbesitz herzustellen. Wie ein kleinwüchsiger Ingenieur einen überdimensionalen Raketenmotor regiert, indem er eine Taste am Computer drückt, so kann ich jeden Ritus für einen Kippschalter halten, mit dem ich das Ungeheure in meinem Sinn bewege. Wenn das funktioniert, dann habe ich es.

Genug der Vorbemerkungen. Du hast die für Dein Empfinden rhetorische Frage gestellt: *Wem gehört Jesus?* Kann ihn die Kirche, zu der wir beide gehören, als ihren Besitz ausgeben? Jesus wäre also römisch-katholisches Eigentum? Wie anderswo vielleicht lutherisches, orthodoxes, koptisches Besitztum?

Ich bleibe bei der katholischen Tradition. Mir ist kein Dokument bekannt, in dem ein Papst oder eine Synode direkt behauptet: „Jesus gehört uns, er ist heiliges Eigentum der römischen Kirche." Aber es gibt bis auf den heutigen Tag Arrangements, die zum Besitzgefühl verleiten, praktische Formen des Handelns, in denen er zum Gegenstand einer Verfügung wird. Denke nur einmal daran, dass Jesus als Essvorrat im Tabernakel aufbewahrt wird. Er kann herausgenommen, in die Monstranz gefasst, herumgetragen, weggesperrt, beliebig verteilt, geschluckt und vervielfältigt werden. Wenn die Gottheit sich hineinwagt in das Netzwerk menschlicher Aktionen, entzündet sich nicht nur die Freude über diese nahe Solidarität, es beginnt sofort auch der Machttrieb nach ihr zu greifen, der sie quantifiziert und instrumentalisiert. Das Spiel der verfügenden Interessen ereignet sich auf vielen Feldern, immer wieder aber mit besonderer Intensität, wie die aktuellen Vorgänge zeigen, im Bereich des Mahlsakramentes. Ich schreibe Dir zwei Zitate her. Sie werden Dich gewiss nicht beruhigen, können Dir aber verständlich machen, was ich mit dem *Besitzgefühl* meine, das viele hirtliche und oberhirtliche Handlungen steuert. Der Fürsterzbischof von Salzburg, Kardinal Johannes Katschthaler, schreibt in seinem Hirtenbrief vom 2. Februar 1905: „Ehret die Priester, denn sie haben die Gewalt zu konsekrieren. Kraft der Weihe hat der katholische Priester und wieder nur er, und nicht die protestantischen Pastoren, diese wunderbare Gewalt. Die Gewalt zu konsekrieren, den Leib des Herrn mit dem kostbaren Blute, mit seiner ganzen heiligen Menschheit und seiner Gottheit unter den Gestalten des Brotes und Weines gegenwärtig zu machen; Brot und Wein verwandeln in den wahren Leib und das kostbare Blut unseres Herrn, welch hohe, erhabene, ganz wunderbare Gewalt! Wo im Himmel ist eine solche Gewalt, wie die des katholischen Priesters? Bei den Engeln? Bei der Mutter Gottes? Maria hat Christum, den Sohn Gottes, in ihrem Schoße empfangen und im Stalle zu Bethlehem geboren. Ja. Aber erwäget, was bei der heiligen Messe vorgeht! Geschieht nicht unter den segnenden Händen des Priesters bei der heiligen Wandlung gewissermaßen dasselbe? Unter den Gestalten des Brotes und Weines wird Christus wahrhaft, wirklich und wesentlich gegenwärtig und gleichsam wiedergeboren. Dort zu Bethlehem gebar Maria ihr göttliches Kind und wickelte es in Windeln, der Priester tut gleichsam dasselbe und legt die Hostie auf das Korporale. Einmal hat Maria das göttliche Kind zur Welt gebracht, und siehe, der Priester tut dies nicht einmal, sondern hundert- und tausendmal, sooft er zelebriert. Dort im Stall war das göttliche Kind, das durch Maria der Welt gegeben ward, klein, leidensfähig und sterblich. Hier auf dem Altare unter den Händen des Priesters ist es Christus in seiner Herrlichkeit, leidensunfähig und unsterblich, wie er im Himmel sitzt, zur Rechten des Vaters, glorreich triumphierend, vollkommen in jeder Beziehung … Die Priester hat er an seine Stelle gesetzt, damit sie dasselbe Opfer, das er dargebracht, fortsetzen. Ihnen hat er das Recht über seine heilige Menschheit übertragen, ihnen gleichsam Gewalt über seinen Leib gegeben. Der katholische Priester kann ihn nicht bloß auf dem Altare gegenwärtig machen, ihn im Tabernakel verschließen, ihn wieder nehmen und den Gläubigen zum Genuss reichen, er kann sogar ihn, den Mensch gewordenen Gottessohn, für Lebendige und Tote als unblutiges Opfer darbringen. Christus, der eingeborene Sohn Gottes, des Vaters, durch den Himmel und Erde geschaffen sind, der das ganze Weltall trägt, ist dem katholischen Priester hierin zu Willen."[1] Ein Jahrhundert später lautet das im Hirtenbrief des erzbischöflichen Nachfolgers Dr. Georg Eder so: „Wenn nun ein Priester die Eucharistie mit einem Amtsträger einer anderen christlichen Gemeinschaft – der ja als Laie keine priesterliche Vollmacht hat – feiert, täuscht er eine Eucharistie nur vor, denn diese ist nach katholischem Glauben ungültig. Priester der katholischen Kirche, die solches tun, führen ihre Kirche in die Irre, denn sie geben ihr statt des Leibes und Blutes Christi nur Brot und Wein." Das ist klar genug gesagt, und ich brauche Dich mit weiteren Erklärungen nicht hinzuhalten. Beachte nur auch, dass für viele katholische Christen die Gegenwart Jesu sich fast ausschließlich in der Eucharistie ereignet, während die anderen Sakramente nur eine dünnere Präsenz liefern. Ich weiß aus Gesprächen mit Bischöfen, wie wenig in diesen Kreisen bekannt ist, was seit den ersten Jahrhunderten des Christentums gelehrt

1 Zitiert nach C. Mirbt, Quellen zur Geschichte des Papsttums und des römischen Katholizismus. Tübingen [4]1924, 498–499.

wird: dass die Sakramente nicht als ausschließliche Wege und Gefäße der Gnade Gottes angesehen und behandelt werden dürfen. Sie sitzen an den Knotenpunkten des Lebens und haben daher ihren besonderen Sinn, aber die reale Begegnung mit Jesus ist überall möglich, wo sich das Herz aufrichtig für seinen Namen öffnet. Aus diesem Grund gibt es für Theologen wie Augustinus keine exklusive Befugnis für die Herstellung der Gegenwart Christi. In den zitierten Texten findest du kein direktes Wort, in dem Jesus das Eigentum der Kirche genannt wird. Davor würde auch die hemmungsloseste Frommsprache zurückschrecken. Die List der religiösen Geltungswünsche kommt auf einem anderen Weg zum äquivalenten Ziel. Sie benützt als Fahrzeug den Gedanken der göttlichen Ermächtigung durch Berufung und Sendung und kann beruhigend versprechen: *Alles ist dem Priester aufgetragen und er hat es demütig erschauernd zu tun.* Das lässt sich dann nachträglich noch füllen, und Kardinal Katschthaler spricht ohne Zögern vom Wandlungsbefehl, der dem Klerus zusteht. Jesus ist das funktionale Eigentum einer bestimmten Gruppe geworden, denn die wirksame Kompetenz wird den evangelischen Pastoren ausdrücklich abgesprochen. Was kann man machen, wenn es so der Wille Gottes ist?

Jesus als Verfügungsbesitz – das könnte noch mit einem Muster aus der modernen Geschäftswelt plausibel gemacht werden. Ein Popsänger schließt mit einer Agentur einen Exklusivvertrag. Er übereignet ihr allein das Recht, ihn zu vermarkten, ihn als Gesamtprodukt zu verwalten, und beteiligt sie dafür mit angemessenen Prozenten am Gewinn. Nur diese Agentur hat geschäftlichen Zugang zu ihm, repräsentiert ihn, zieht Vorteile aus ihrem Nahverhältnis. Alle anderen Personen oder Firmen können nur über diese Station an den Künstler heran und mit ihm verkehren, alle Abmachungen mit ihm müssen dem einmaligen Exklusivvertrag untergeordnet bleiben, können höchstens als sekundäre Vereinbarung geduldet werden. In der Anwendung auf Jesus hieße das: Er hat sich mit dem gesamten Potential seiner Sendung und seines Lebens exklusiv einer bestimmten Gruppe, also der römisch-katholischen Jüngerschaft, vermacht und damit einen göttlichen Ratschluss vollzogen. Dieser erwählten Gemeinschaft kommt allein die Kompetenz zu, Jesus zu verstehen, mitzuteilen und praktisch mit ihm umzugehen. Alle anderen Jüngerschaften sind als Abfall von dieser ersten und einen Gruppe zu betrachten, haben nur sekundäre und defizitäre Jesus-Kompetenz, können diese nur ausüben, weil grundsätzlich alle Verbindung mit Jesus über das eigentliche Relais läuft, die primäre Gruppe. In diesem Sinn könnte Jesus als das funktionale Eigentum einer bestimmten Kirche betrachtet werden. Mir scheint, dass dieses Modell in vielen Mentalitäten beliebt ist, nicht nur in der römisch-katholischen, sondern überall, wo man sich allein im streng definierten Gehöft der eigenen Konfession wohl fühlt.

Lieber Honorius, ich nenne Dir jetzt der Reihe nach meine Zweifel an der Brauchbarkeit dieses Schemas und überhaupt an der gesamten Sprache, die Jesus mit der Kategorie des Eigentums erfassen will. Vermutlich wird Dir mein Ton zu wenig verneinende Wucht haben. Begnüge Dich mit meinem wahrscheinlichen Reden. Ich bin müde von den lauten Endgültigkeiten, die durch die Öffentlichkeit prasseln.

Jesus hat seine jüdische Herkunft und Zugehörigkeit nie verleugnet. Zugleich zeigen die Schriften, die von ihm handeln, dass er sich nicht in Besitz nehmen ließ. Ich lese jedenfalls Spuren einer Abwehr in den Texten. Er hat sich nicht nehmen lassen, weder von denen, die als die eigentlich Religiösen galten, noch von den Sekten und Parteien, die es reichlich gab. Ein schrulliger Quergänger? Doch viel eher der Prophet, der von der völlig bedingungslosen Liebe Gottes zu den Sündern reden muss. Nicht zu übersehen seine deutliche Skepsis gegenüber dem eigenen Jüngerkreis. Du kennst die Szene im Markusevangelium (10,37–45). Jakobus und Johannes verlangen die Thronplätze neben dem Messias, ganz unverblümt. Der Evangelist erzählt, Jesus habe zunächst eine resignierte Bemerkung gemacht. *Ihr wisst nicht, um was ihr bittet.* Man sieht ihn den Kopf schütteln oder sich wegdrehen. War sein Reden und Werben umsonst gewesen, sein Versuch, die menschlichen Triebe für das Ungewöhnliche zu öffnen, abgeprallt an kindlicher Wunschsucht? Wird er seine Sache diesem kleinen Bewusstsein allein anvertrauen können? Die Jesusbewegung hat einen Zug über die Grenzen hinweg, in das Universale, fort aus den Behältern. Das Johannesevangelium spricht davon: „Der Wind weht, wo er will, du hörst sein Brausen, weißt aber nicht, woher er kommt und wohin er geht. So ist es mit jedem, der aus dem Geist geboren ist" (Joh 3,8). Das lässt sich nicht mehr aufhalten durch die heilige Geographie der göttlichen Plätze. Soll die Andacht auf den Berg Zion fixiert sein, oder auf den Garizim? Weder dort noch da. „Gott ist Geist, und alle, die ihn anbeten, müssen im Geist und in der Wahrheit anbeten" (Joh 4,24). Gewiss, Jesus geht hinein in das Netzwerk der menschlichen Verhältnisse, aber er bewegt sich darin, öffnend, anstoßend, sich verweigernd.

Höre ich begeisterte Ökumeniker reden, singen sie mir meistens die Hymne von der Einheit vor und ganz sicher zitieren sie das hohepriesterliche Gebet Jesu aus dem Johannesevangelium „dass alle eins seien" (Joh 17,21). Und ich soll dann mit ihnen außerdem überzeugt sein, dass in der Ursprungszeit des Christentums eine völlig homogene Form alle umfasste und erst später, unbegreiflich genug, Unterschiede, Trennungen und Spaltungen eintraten. Zuerst – wenigstens in der allerersten Stunde – die gute Einheit und später die böse Vielheit. Dieses Lamento langweilt mich und das darin enthaltene Gedankenschema überzeugt mich nicht. Das Projekt *Menschwerdung* scheint mir von Anfang an mehrdeutig zu ein, Vielfalt wie Einheit gehören in die ursprüngliche Absicht Gottes. Im Bild gesprochen: Die Leuchtrakete zerspringt in viele unterschiedlich leuchtende Teile und nur so, in ihrer Explosion, wird sie sichtbar und kann sie in ihrer vielfarbigen Schönheit erlebt werden. Die göttliche Offenbarung springt in der Atmosphäre der Welt in tausend Stücke. Unter den Bedingungen der Zeit und des Raumes ist die eine reine Absicht Gottes nur perspektivisch zu erfassen, daher wäre eine einzige Form zu wenig, es *muss* viele geben, Brechungen, Aufmerksamkeiten, Gestaltungen, um das eine Große zu bezeugen, das kommende Reich Gottes. Die Vielheit der Christentümer ist nicht nur dumm und böse, und die Einheit ist nicht immer gut und weise. Es gibt so viele Sünden der Einheitspolitik, wie es Sünden der Spaltungspolitik gibt. Denn gleichzeitig sind am Werk die würgende Liebe und die abstoßende Streitsucht. Wenn ich Bücher über die Kirche lese, habe ich oft den Eindruck, bei ihrer Entstehung sei es zugegangen wie bei einer wohlgeordneten Vereinsgründung mit detailreicher Planung der künftigen Organisation. Zumindest werde ich gedrängt, es mir so vorzustellen. Schlage ich dann zur Kontrolle die Bibel auf, kommt mir al-

les viel zufälliger, schlampiger, unvorsichtiger, verschwenderischer vor. Das ewige Wort Gottes wirft sich in die Zeit, aufs Geratewohl, abenteuerlich, ohne Sicherheitsnetz.
Ich erinnere mich an ein Gespräch, in dem Du in Deiner lakonischen Art gesagt hast, „am Christentum störe dich das massive Übergewicht der Befugnis gegenüber dem Ereignis. Du seist verblüfft über das Ausmaß der Rollenfragen, die Funktionen der Priesterschaften würden oft wichtiger als die Gegenwart des Heiligen." Ich wiederhole meinen damaligen Rat: Wundere Dich nicht darüber. Zur Abenteuerlichkeit der Gottesgeschichte in der Welt, ich meine damit auch die anderen Religionen, gehört es, dass sich das Göttliche der menschlichen Bedeutungswut ausliefert und in der unsinnigsten Weise verunstalten lässt. Das katholische Exempel, das ich Dir geliefert habe, will ich nicht durch andere Beispiele aus anderen Regionen aufwiegen. Der Kardinal, selbst Priester, schreibt einen Lehrbrief über die hohe Stellung der Priester und dieser Text wird von ebendiesen Priestern am Sonntag dem nichtpriesterlichen Messpublikum vorgelesen. Und alles gipfelt darin, dass er von einer schieren Omnipotenz des Priesters spricht: Die Wandlungsworte sind als absolute Machtformel verstanden. Katschthalers Nachfolger Eder verharrt in der gleichen Logik, wenn er mit striktem Urteil sein Fallbeispiel analysiert: Ein katholischer und ein methodistischer Geistlicher feiern die Eucharistie. Das ist nach seinem Befund eine ganz ungleiche Paarung, denn der katholische Amtsträger ist mit der priesterlichen Würde und Vollmacht ausgestattet, der andere aus einer anderen christlichen Gemeinschaft (also auch Lutheraner, Anglikaner, orthodoxer Pope) dagegen ist bloßer Laie ohne jede Befugnis. Daher kann nichts zustande kommen, das Sakrament findet nicht statt. Wenn jemand einwendet, dass immerhin der katholische Partner einer solchen Aktion vorhanden und in der Lage sei, sakramental zu handeln, antwortet der Hirtenbrief: Das Mittun eines nicht katholischen Amtsträgers verhindert alles, es geschieht gar nichts. Dieser Laie im Amtsgewand ist einmal zu schwach für die wahre Eucharistie und einmal zu stark für die Möglichkeit, dass der katholische Partner sie zuwege bringen kann. Er erscheint als eine rein negative Figur der Verhinderung. Nur der allein feiernde katholische Priester ist in der Lage,

das Sakrament zu liefern. Die Nulldiagnose beachtet auch nicht die Möglichkeit, dass eine solche gemeinsame Feier wenigstens als Wortgottesdienst gelten könnte, im Namen und Geist Jesus gehalten und daher von seiner Gegenwart erfüllt. Sind das nicht die zwei oder drei, denen er seine Anwesenheit versprochen hat? (Mt 18,20). Die eucharistische Gegenwart überblendet alles, es ist, als gäbe es nur diese Form. Daher ist von Täuschung und Irreführung die Rede. Die gute Absicht muss verneint werden, sonst könnte sie die Basis sein für den Glauben, dass Christus in anderer Weise anwesend ist. Das würde die ganze Schlussfolgerung in Verwirrung bringen. Denn warum Angst haben um die Gegenwart Jesu, wenn er auch in befugnisfreien, nichtamtlichen Weisen da ist? Wie kann man vortäuschen, was doch wirklich anwesend ist? Ist die Gegenwart Jesu denn ausschließlich an die priesterlichen Amtsfunktionen gebunden? Oder sollte man sich diese Gegenwart prozentual gestaffelt denken, als ganzen, halben, Viertel- und Achteljesus, nach Gutdünken verteilt auf die anderen Sakramente, die Sakramentalien, Gebetsrunden, Hausandachten, Wortgottesdienste, Meditationen, Wallfahrten, Prozessionen, Bibellesungen, rund um das hundertprozentige Zentrum der Eucharistie?

Im Umgang mit den Worten Jesu, die uns überliefert sind, habe ich allmählich begriffen, dass er die Religion als Ereignis der Anwesenheit praktiziert, nicht als Arbeit der Gottbeschaffung. Es gibt kein Verfügungsrecht gegenüber dem Gottes-Reich, das Jesus repräsentiert, keine Macht der Herstellung, es gibt nur den Weg der Freiheit: die Bitte und in ihr die Gewissheit, dass Gott den Ruf der menschlichen Sehnsucht erhört. Daher sind die Wandlungsworte in der Eucharistiefeier immer als Bitte verstanden worden und das Sakrament des Mahles als erhörte Bitte, nicht als rituelle Mechanik, als zwingender Befehl, als herbeigeorderte Gottessubstanz. Dazu noch ein Zitat. Cyrill von Jerusalem (313–387) gebraucht mit vielen Theologen der alten Kirche den Ausdruck *Epiklese*, *Herbeibitten* des Geistes, wenn er den Taufkandidaten den Augenblick der Wandlung erklärt: „Nachdem wir uns durch die geistigen Lobgesänge geheiligt haben, rufen wir die Barmherzigkeit Gottes an, dass er den Heiligen Geist auf die Opfergaben herabsende, um das Brot zum Leibe Christi, den Wein zum Blute Christi zu machen. Denn was der Heilige Geist berührt, ist völlig geheiligt und verwandelt."[2] Theologische, nicht bloß kirchenrechtliche Erinnerung tut not. Denn die Priesterschaft ist bis auf den heutigen Tag in der Versuchung, aus den Worten Jesu über Brot und Becher einen Hebel zu machen, statt sie als Zusage zu verehren. Es ist nach wie vor verlockend, sie als ein Instrument, einen magischen Befehl, ein Herstellungsmittel zu benützen, statt sie das Wort, die Bitte, die Einladung sein zu lassen. Wenn ich in schlaflosen Föhnnächten einen schiefen Gedanken über den Papst zwischen meinem Ohr und dem Kopfpolster rolle, läuten bestimmt irgendwo die Alarmglocken und machen sich Informanten auf den Weg. Gröbste Häresien, begangen im Tonfall der klerikalen Selbstgefälligkeit, bleiben unbeachtet. Die massive Verkehrung der Gebetsauffassung Jesu ist gewiss keine Bagatelle, sondern berührt den Sinn seines Umgangs mit Gott, auch wenn dazu kein Dogma erlassen wurde, wie über den Primat des römischen Papstes.

Wem gehört Jesus? Niemandem. Er ist er selbst in der Sphäre Gottes und im Menschenland. In seiner Freiheit, deren Wurzel kein Geschöpf fassen kann, kommt er und will da sein und dazugehören. Im freien Flug ist er berührbar. Jüngerschaften, Freundeskreise, Gemeinden, Kirchtümer suchen ihn zu bezeugen, darzustellen, gegenwärtig zu erleben, treten in den Wettbewerb darum ein, wer seine Wahrheit genauer und getreuer trifft. An den Früchten wird es einmal zu erkennen sein, in der Gottesaura, wenn die Ernte eingefahren ist. Vorher kann es kein verpflichtendes Fazit geben. Bis dahin wird auch viel ungeduldige Habgier sich auf Jesus werfen, ihn sicherstellen, kidnappen, zu Ende denken und irgendwo versperren in einer verborgenen und befestigten Höhle. So wird sein Name immer wieder in die Komödie verwickelt, die das amtliche Personal aufführt, zu dem ich ja auch gehöre. Lieber Honorius, der Himmel zückt keinen Blitz, um die Farce zu beenden, vielleicht vergnügt sich die obere Welt daran. Ich lebe lieber mit dieser Vermutung, als mir das Glaubensgefühl auf den sandigen Kirchplätzen zerreiben zu lassen.

---

2 Cyrill von Jerusalem, Mystagogische Katechese 5,7.

Manchmal fällt mir Dante ein. Sandro Botticelli hat in seinen Zeichnungen zur *Divina Commedia* eine gewaltige Szene illustriert. Im dritten Graben des achten Höllenkreises sind auf weitem Gelände Gruben in der Erde ausgehoben. In den Gruben stecken verdammte Menschen, kopfüber hineingestürzt, nur Beine und Füße ragen heraus, und an den beiden Fußsohlen brennt heftiges Feuer. Auch ein Papst befindet sich in dieser Hölle, Nikolaus III. (1277–1281). Das tiaragekrönte Haupt voran in der Erde gestikuliert er verzweifelt mit seinen Füßen. Im Gespräch teilt er Dante mit, dass er noch mehrere seiner Nachfolger am gleichen Ort erwartet, zum Beispiel Bonifaz VIII. und Clemens V. Auch diese Pontifices werden so in der Hölle landen. Die übliche Strafe für die Meuchelmörder ist hier angewendet auf das jenseitige Schicksal kirchlicher Amtsträger, die das Gut der göttlichen Gnade für Gelderwerb missbraucht haben. Das Verdammungsurteil über die Simonie trifft den obersten Hirten. Der Papst steckt kopfüber im Abgrund der Hölle. Ich benütze die Szene nicht wie der Florentiner, um irgendwelche Personen in die Verdammnis zu entsorgen, sondern sehe darin ein gewaltiges Bild der Verranntheit, die allem Klerus droht. Die um ihre Rolle eifernde Geistlichkeit muss an dieser Sorge ersticken, das führt nicht ins freie Gelände der Gnade. Wie sie da auf dem Kopf steht und mit den Beinen gestikuliert, zappelt sie noch immer verzweifelt nach dem nackten Segen Gottes. Vielleicht wird sie in dieser Lage eher erhört, als wenn sie den Kopf oben hat.
Heute und morgen ist Gelegenheit genug, bescheiden, dankbar und vernünftig mit dem Jesuseinfall Gottes umzugehen. Dazu gehört der Verzicht auf die Praxis der totalen Exklusivität, der Wille, die vielen Möglichkeiten der gemeinsamen Jesusnachfolge zu nützen, die gelassene Identität, die gegenseitige Achtung vor der gewonnenen Erkenntnis, der eschatologische Vorbehalt, der die endgültige Evidenz aussetzt auf den großen Tag der Heimkunft, an dem das Gesicht des Christus über dem Labyrinth der Geschichte aufgehen wird.

Der zwecklose Jesus

Dieser Text, wiederum in einer Briefform gehalten, spielt mit der Erlaubnis, theologisch ungewöhnliche und abgelegene Fragen zu stellen. Er reflektiert das eigene, persönliche Verhältnis zu Jesus von Nazareth und zeigt an vielen Beispielen, wie sehr die Funktionalisierung Jesu und die damit verbundene Helfermagie das eigentliche Wunder seiner Existenz verstellen. Erst wenn es gelingt, dieses „Regime der Zwecke" zu beenden, wird der Blick wieder frei für jenes Du, das durch alle Bilder und Worte hindurch in unsere Welt hereinbricht und ohne alle Bedingungen unter uns gegenwärtig bleibt.

Liebe Sidonia, lieber Honorius

Im letzten Symposion haben wir unsere Leseerlebnisse erzählt, wie es uns mit Büchern ergangen ist, was sie in uns bewirkt haben, von den Fragen, die im Fluss der Lektüre entstanden sind. Das war ein spannender, unterhaltsamer Abend. Honorius hat gegen Schluss, als wir schon etwas müde waren, von einem Abenteuer berichtet. Er hatte sich vorgenommen, im Lauf einer Woche die vier Evangelien zu lesen, so langsam es ging, so erstmalig es möglich war, den puren Eindruck suchend, ohne alles Drumherum der hohen Geltung, ganz nackt, als seien die Bücher eben frisch aus der Feder geflossen. Honorius sagte: Ich schäme mich fast, mein Gefühl zu nennen, das von Zeile zu Zeile beim Lesen stärker geworden ist. Es war – und ist – der vom großen Zweck getriebene und gejagte Jesus, der vor lauter Aufgabe kaum Zeit findet, jemand zu sein. Seine Atemlosigkeit. Diesen Gedanken habe ich für mich weitergesponnen, und daraus ist ein Brief geworden, den ihr jetzt lesen könnt.
Honorius hat mit seiner Erzählung in mir einen alten Eindruck wachgerufen. Jesus, die Hauptperson der christlichen Gottesgeschichte, ist bei den meisten der frühen und der späten Theologen eine fest verplan-

te Größe. Von Ewigkeit her steht fest, was mit ihm geschehen soll, wie sein Leben verlaufen muss, welche Aufgaben er zu erfüllen hat. Im Brief an die Epheser wird Gott gepriesen, weil er uns Weisheit und „herrliche Gnade“ geschenkt hat, allem voraus, was sich im Himmel und auf Erden an Gutem begeben kann. Und diese vorausgehende Bestimmung zeigt sich „in seinem geliebten Sohn. Durch sein Blut haben wir die Erlösung, die Vergebung der Sünden nach dem Reichtum seiner Gnade“ (Eph 1,3–14). Der Brief nennt sehr prägnant das Ziel, auf das die Lebensgeschichte Jesu ausgerichtet ist: die Erlösung des Menschengeschlechts auf dem Weg des Blutes, im Erleiden des Kreuzes. Die Klarheit dieses Konzepts hat in den christlichen Gemeinden überzeugend gewirkt. Daher finden wir es in vielen Formeln des Bekenntnisses, aber auch in der ausführlichen theologischen Lehre, die nach der fundamentalen Struktur des Glaubens sucht. So schreibt Tertullian im dritten Jahrhundert: „Christus, der gesandt wurde, um zu sterben (*mori missus*), musste notwendigerweise auch geboren werden, damit er sterben konnte.“[1] Oder etwas später Papst Leo der Große: „Und es gab für den Sohn Gottes keinen anderen Grund, geboren zu werden, als dass er ans Kreuz geschlagen werden konnte.“[2] Jesus ist direkt und ausdrücklich allein dazu geboren, das blutige Schicksal der Passion zu tragen und damit die heilige Leistung der Erlösung zu vollbringen. Ich will Euch nicht mit langen Aufzählungen aus der späteren und heutigen Theologie ermüden. Einige Texte aus der Gegenwart mögen genügen. Karl Barth sagt es in seiner *Kirchlichen Dogmatik* in bündigster Form. Jesus ist für ihn schlechterdings der Vollbringer der Aufgabe, die mit dem Leiden verbunden ist. „Er ist also nicht Mensch und dann auch noch Träger des Amtes, sodass er dieses vielleicht auch nicht vollziehen, sodass er vielleicht auch Träger eines anderen Amtes sein könnte. Er ist vielmehr Mensch, indem er Träger dieses Amtes ist. Er ist, indem er in dessen Vollstreckung, in der Ausübung von dessen Funktionen, in der Inanspruchnahme von dessen Vorrechten in der Erfüllung von dessen Pflichten begriffen ist. Es gibt keine neutrale Menschlichkeit

1 Tertullian, Tert. Carn. 6.

2 Leo der Große, Leo M. serm. 48,1.

Jesu, in der er die Wahl hätte, das zu lassen, was er tut, oder an dessen Stelle etwas anderes zu tun. Er ist, indem er in einer bestimmten, und zwar immer in derselben Richtung tätig ist." Die vier Evangelisten seien doch gänzlich uninteressiert an allem, was dieser Mensch außerhalb seines Christusamtes gewesen sein und getan haben mochte. Das Bild einer selbständigen Persönlichkeit mit ihr eigenen Spielräumen wird uns nicht geboten. Nicht nur die stringente Ausrichtung auf das Kreuz bestimmt alles, was Jesus sein konnte, sondern auch die einmalige, alle menschlichen Formen übersteigende Gleichung, dass in Jesus Person und Aufgabe völlig identisch sind. Wer in ihm nach einer Dimension sucht jenseits oder hinter seinem öffentlichen Tun, seiner Aufgabe und praktischen Arbeit für das Reich Gottes, wird nichts finden oder immer an das stoßen, was er durchstoßen will, seine amtliche Beauftragung durch Gott, die alles ist, zuinnerst und ganz außen, ganz persönlich und ganz sachlich, ununterschieden er und das Evangelium. Daher hat Jesus kein anderes Interesse, wie Barth betont. „Jesus ist von Hause aus, er ist, indem er selbst Mensch ist, nicht ohne den Mitmenschen, sondern zu ihm hin, mit ihm, für ihn. Er ist dessen ihm von Gott gesandter und zugestellter Erretter. Nichts sonst? Nein wirklich nichts sonst."

In der Religionsstunde hat einmal ein elfjähriges Mädchen die Frage präzise gefasst, im zweifelnden Ton: Hat denn Jesus nie Urlaub gemacht? Wir haben dann die restliche Zeit des Unterrichts damit verbracht, dass wir nach ähnlichen Ausdrücken gesucht haben. Manchmal hat die Klasse gelacht, wenn zum Beispiel gesagt wurde: Hat Jesus auch ein Privatleben gehabt, wie hat er seine Freizeit verbracht? Wäre Jesus, wenn er lang genug gelebt hätte, ein Rentner geworden? Hat Jesus neben den heiligen Sachen, die ihm Gott aufgetragen hat, auch was getan, was ihm selbst eingefallen ist und Freude gemacht hat, oder hat er nur gegottet? Auf diese und ähnliche Fragen antwortet die Theologie, die aus den meisten Büchern zu mir spricht, indem sie entweder solche Vermutungen lächerlich macht oder mit Entschiedenheit behauptet, Jesus habe seinen Gang auf das Kreuz in der größtmöglichen Entschlossenheit angetreten, daneben oder dahinter habe in ihm nichts Platz gehabt. In der Sprache Romano Guardinis: „Der Wille zum Opfer steht unerschütterbar in ihm. Wie bis ins Letzte durchgewollt musste von jenem Willen her alles Wollen sein." Oder noch kompakter: „Jesus ist nichts anderes als die Vollzugsform des Erlösungswillens Gottes." Man hat dafür auch einen besonderen Begriff geschmiedet und spricht von der *Proexistenz* Jesu, seinem *Für-Sein*, in dem die gesamte Lebensenergie aufgebraucht wird. Seine Persönlichkeit geht restlos auf in ihren Pflichten.

In meine Verehrung Jesu mischt sich an diesem Punkt viel zweifelndes Gefühl, nicht nur am Schreibtisch, sondern oft genug dann, wenn ich am Altar die Hostie hebe und sie den Leuten zeige.

Vor meinen Augen erscheint in Pasolinis Film *Der Menschensohn* ein sich ununterbrochen bewegender, über die Hügel Galiläas rennender *Jesus*. Er scheint wenig Zeit zu haben, ist immer auf Tempo 200 gestellt, ohne Muße und persönliche Intimität. Die Sendungsöffentlichkeit saugt ihn ganz auf, es scheint, als dürfe kein gemütlicher Rest bleiben. Alles ist unter das Regime der Zwecke geraten. Und der Zweck aller Zwecke in dieser Religion heißt: Erlösung, Rettung. Ich habe oft den Eindruck, vor meinen Augen bewege sich nicht die Person Jesus, das konkrete Individuum, sondern die Idee der Erlösung, ein heiliges Abstraktum. Er selber schrumpft zum Gedankenbild, wird zum Inbegriff eines Programms. Seine Spontaneität, das ursprünglich gestikulierende Ich ist daher nicht interessant und kann guten Gewissens weggelassen werden.

Jesus kommt einem vor wie der Dienstbote der Erlösung. Der Gedanke, dass er nur in dem besteht, was er für andere tut – im Himmel für den Vater, auf Erden für die Menschen, mündet in die Enteignung der Person. Diese wird verwandelt in das reine *für etwas Dasein*. Im Beispiel gesprochen: Der Bürgermeister Hans Wagner wird von den Bürgern seiner Gemeinde ausschließlich und radikal als amtlicher Funktionär betrachtet und behandelt. Alles andere bleibt weg, dass er einen Namen, eine Biographie, Familie, Freunde, Gedanken, Wünsche, Triebe, ein Schicksal hat. Der totale Funktionär ist nichts als dieser, er hat keine unveräußerte Seite, kein Sein für sich. So kann auch Jesus in seinem religiösen Amt verschwinden, als der Erlösungsbeauftragte, der Heiland, der Sohn, der Gekreuzigte. Und die betende Gemeinde bewacht diese Funktion, hält ihn, ihren Jesus, darin fest.

Der vierte Kanon im Katholischen Messbuch bietet ein starkes Stück dieser Zwecksprache. Es fällt mir nicht leicht, damit als Beter zurechtzukommen. Da heißt es doch wörtlich: „So bringen wir dir seinen Leib und sein Blut dar, das Opfer, das dir wohlgefällt und der ganzen Welt Heil bringt.“ – Ich, der Priester, soll das mitsprechend oder vorsprechend im Sprachspiel tun, auf unblutige Weise, ich soll Jesus opfern, symbolisch an das Kreuz nageln. Es geschieht die symbolische Tötung Jesu in der Trennung von Leib und Blut. Er muss hinauf an das Erlösungsinstrument. Das gewaltsame Interesse der Seele tut alles, was ihr nützt. Das Gebet sagt, dieser Vorgang gefalle Gott, und auf diese Weise geschehe das Heil. Was das Objekt des göttlichen Wohlgefallens genau sein soll, wird nicht im Detail gesagt, aber es muss gewiss mit der Vernichtung zu tun haben, die Jesus angetan wird. In den christlichen Glaubensbüchern ist häufig zu lesen, dass mit Jesus das Ende des Opferwesens gekommen sei, das von den Religionen der vielen Götter praktiziert wurde. Es mag schon sein, dass eine große Vereinfachung stattgefunden hat, aber ist damit wirklich der Bann gebrochen, der die opfersprachliche Faszination ausmacht? Das scheint nicht der Fall zu sein, es trifft eher das Gegenteil zu. In der Vielheit der Götter war der Hunger nach den Opfern einmal verstreut in die Unzahl der Interessenten. Im Eingottglauben ist er zusammengeballt im einen und einzigen Willen. Wie das zitierte Messgebet zeigt, ist er mitnichten verschwunden, sondern im Gegenteil auf das Höchste gesteigert. Der Gottessohn ist das alles überbietende Opferstück, denn das Verlangen Gottes kann nur durch die Darbringung eines ebenbürtigen, schlachtbaren Wesens erfüllt werden. Die symbolische Tötung ist gewiss „nur“ ein Zeichenvorgang, vollzogen in stellvertretenden, symbolischen Gesten, zum Beispiel im Brechen der Hostie. Das ist keine reale Aktion, in der Jesus noch einmal wirklich um sein Leben gebracht würde. Deshalb ist sie nicht kriminalisierbar. Aber ist eine solche Zeichenhandlung darum auch in jeder Hinsicht gut und bedenkenlos? Geschieht hier nicht die subtile Einübung einer Mentalität, der die Opferung des Lebens selbstverständlich wird? Wir hantieren mit diesem Jesus wie mit einem Ding, über das wir verfügen können, und berufen uns dazu auf seine Funktion. Mich plagt immer wieder die Frage, was ich jenem Zweifler antworten kann, der an einem Sonntag auf dem Kirchenplatz zu mir sagte, es falle ihm von Mal zu Mal schwerer, diese Sprache der symbolischen Gewalttat mitzusprechen.

Die Propheten und Psalmenbeter des Alten Testamentes haben das religiöse Opferwesen immer wieder scharf kritisiert. Ich rate Euch, liebe Freunde, das wieder einmal zu lesen, im Psalm 50, bei Hosea 6,1–6 und Jesaia 1,10–17. Diese klaren Worte sind nicht ungültig geworden. Sie kommen mir jedes Mal in den Sinn, wenn ich meine Augen mit Aufmerksamkeit auf das Kreuz richte. Spricht zu mir nicht auch heute diese Warnung, in verwandelter Szene freilich, Jesus gegenüber. Hütet euch, für diesen Gang Jesu, für sein Blut, seine Folter und überhaupt für seinen Tod die Opfersprache zu verwenden. Die Argumente, die in den genannten Texten gegen den Opfer-Dialekt eingesetzt werden, gelten auch Jesus gegenüber, mehr und schärfer sogar. Ich zähle sie auf: Erstens: Gott fordert nicht das leibliche Leben und Sterben Jesu, die Vernichtung seiner physischen Existenz. Hier sollte erst recht gelten: Barmherzigkeit will ich und nicht das Kreuz! Zweitens: Die rituellen Feiern, in denen Gott mit allem Möglichen beliefert wird, sind leerer Lärm, das gesamte Sakralgeschäft ist hinfällig und sinnlos. Drittens: Was Gott erwartet und sucht, ist die Aufmerksamkeit, die ihm zugewendet wird, Erkenntnis, Gerechtigkeit, das wahre Wort, das Tun des Guten. Der Dialog in Geist und Wahrheit (Joh 4,24) freut Gott, ist seine Freude an Jesus, der seine Lebenskraft dafür aufgewendet und auch in der realen Drohung des Todes nicht davon gelassen hat.

Aber mir scheint, das ist eine ungelesene Prophetie und die Verwechslung immer noch im Gang, dass nämlich nicht die Barmherzigkeit gewollt wird, sondern das Opfer. Darum gibt es den unaufhörlichen theologischen Eifer um dieses Wort, die seltsame Drehung der Argumente, wie sie Josef Ratzinger anstellt. Jesus gab sich selbst, schreibt er. Er nahm den Menschen die Opfersachen aus der Hand und setzte an ihre Stelle die geopferte Persönlichkeit, sein eigenes Ich. Was soll dadurch gewonnen sein? Aus solchen Sätzen spricht für mein Gehör die stärkste Radikalisierung dessen, was Jesus beendet haben soll. Ratzinger hält ihn an der alten Stelle fest, er darf den Opferplatz nicht verlassen. So bindet sich an seinen Namen das endlose Opfersprachspiel, so selbstverständlich, dass wir es gar nicht mehr merken. Nun muss die Wucht des Opfergeschäftes gesammelt gegen dieses einzige Individuum fahren. Dass nur ja das Sterben Jesu nicht unterbrochen wird, dass es um Gottes willen nicht aufhört, wenigstens symbolisch fortgesetzt wird, weil sonst der Erlösungsapparat stillsteht. Die gewalthafte Sprache in der Liturgie; der nehmende Gestus, die erstaunliche Hemmungslosigkeit sollten uns auffallen. Wenn das Interesse am spirituellen Wohlergehen losgelassen ist, greift es wild und ohne Rücksicht nach allem, was helfen kann. Die Heilsnützlichkeit wird radikal praktiziert. Das Wortspiel der liturgischen Schlachtung habe ich schon bei meiner Primiz verlassen. Ich will Jesus auch in der feinsten Symbolik nicht hinaufhängen an das Opferholz und die ohnehin überall wachsende Atmosphäre der Benützung des Lebens nicht vermehren.

Liebe Freunde, ich habe dieses Unbehagen an der Verzweckung Jesu nicht erfunden. Duns Scotus (1265–1308) und andere franziskanische Theologen des späten Mittelalters brachten den Gedanken in die christliche Glaubenslehre, dass der Beweggrund für die Menschwerdung Gottes nicht nur die Sünde der Menschheit hätte sein können. Auch wenn Adam nicht gesündigt hätte, wäre für Gott genug Anlass gewesen, die Existenz in der Welt aufzusuchen, in sein Eigentum zu kommen, wie es im Johannesevangelium heißt (Joh 1,11): Das Gute in Gott selbst müsste ihn, den heiligen Schöpfer, in seine Welt locken. Nicht das Erbarmen allein, sondern die Liebe, die auch das Erbarmen in sich fasst. Wäre vielleicht in solcher Motivation ein freierer Blick möglich geworden? Was hätte aber der Messias in einer sündlosen Welt zu tun gehabt? In dieser Frage lauert die Angst, dass ihn Langeweile überkommen hätte, weil keine Kreuzarbeit, keine Werbeaktion für das eigene Programm zu leisten gewesen wäre – in der Atmosphäre unserer Welt kaum denkbare Zustände. Diese andere Möglichkeit aber immer wieder hoch in der Seele, die ihm das gern zugestehen will. Das freie Gefallen, die Freude, die Hochzeit, die Einladung zu einem guten Essen. Er kam in sein Eigentum – das könnte doch für den göttlichen Logos auch bedeuten, die Gastfreundschaft der Kreaturen genießen zu können.

Der franziskanische Einfall ging geradewegs in diese Richtung. Der ewige Gedanke Gottes wird vielleicht Jesus gar nicht zuerst und hauptsächlich mit dem Kreuz verbunden haben, mit seinem Blut und seinem Tod zur Sühne für das Böse in der Welt, sondern mit der Welt, mit der Natur, mit dem, was wir sagen, wenn wir Schöpfung meinen. Dass der Logos Gottes nicht nur vom Erbarmen mit dem Elend der Welt getrieben werde, sondern angezogen ist von der großen Alpha-Wirklichkeit, der Welt.

Wenn ich unbefangen im Buch Genesis lese, wie liebevoll und feierlich das Land der Schöpfung vor meinen Augen ausgebreitet und für gut, ja sehr gut befunden wird (Gen 1–3), entsteht spontan die Erwartung, dass diese Wirklichkeit es für immer wert sein müsse, beachtet und geschätzt zu werden. Nicht nur so nebenbei und voraussetzungshaft, sondern in lebendiger Ausführlichkeit, weil sie doch gedacht ist als die bleibende und wachsende Wohnung des Menschen. Wenn daher der christliche Glaube das Bekenntnis enthält, mit Jesus sei der ewige Logos Gottes in die Welt gekommen, wird sich diese Erwartung mit Recht melden. Der Messias als der Gesandte Gottes müsste sein Werk so tun, dass er das ganze Geschehen des Anfangs vor Augen hat und sich ausführlich damit befasst. Eben auch darin Wohnung nimmt, auf seine Weise freilich und wahrscheinlich in neuer, überraschender Weise, aber doch Kraft und Interesse hat, darin zu verweilen. – Wird diese Erwartung durch das Evangelium bestätigt? Im Neuen Testament, so habe ich den Eindruck, tritt nicht der schöpfungsfromme Messias auf, sondern der erlösende, das kommende Reich herbeibringende Retter. Dieser Christus wird daher mit den Symbolen bekleidet, die seine Funktion erklären, und das Kreuz ist in dieser Geschichte so mächtig geworden, dass es alle anderen Figuren verdeckt.

Die Quellen sagen uns immerhin so viel, dass die messianische Aktion Jesu alles umfassen soll. Er ist der *Schöpfungsmittler*, das heißt, die gesamte Welt, alles Dasein ist in ihm, durch ihn und auf ihn hin geschaffen. Das ist eine sehr grundsätzliche gedankliche Ordnung, die verhindern kann, dass alles auseinanderbricht, die Welt in einen Anfang und ein Ende, die wirkende Gottheit in einen schaffenden Anfänger und einen vernichtenden Beender des ganzen Vorganges. Es ist freilich auch ein sehr allgemeiner Gedanke, dem die Bestätigung durch das konkrete Verhalten Jesu nicht deutlich entspricht. Denn er gibt sich nicht so,

dass sich der Grundsatz von ihm aus aufdrängen müsste. Aber es gibt Momente an ihm, die im Streit um die Wahrheit des Evangeliums auch hervorgetreten sind.
Der Jesus, den ich sehe, ist manchmal arbeitslos, die längste Zeit seines irdischen Lebens verbringt er als unbekannter Handwerker. In den Augen seiner Sippe ist er ein Sonderling, der sich in der Welt Gottes herumtreibt und schleunigst in die häusliche Disziplin zurückgebracht werden muss. Das Chaotische, das Zufällige an ihm ist nicht zu übersehen. Die theologischen Versuche, seinen Lebensgang in eine konsequente Formel zu bringen, die den schrittweisen, gezielten Verlauf beschreiben könnte, haben alle etwas Gewalttätiges an sich. Als hätte er ein Messiastraining zu machen gehabt und sei in der himmlischen Ewigkeit für seinen zeitlichen Auftritt penibel zurechtgemacht worden. Die rekonstruierende Phantasie dringt in die verborgenen Jahre Jesu vor und findet dort die Aufgaben, die ihm diktiert werden. Aber da geht kein Priester, kein Levit, kein ordinierter Rabbi den geordneten Weg der Karriere. Der blanke Laie ist es, mit deutlich antiklerikalem Affekt, der die Priesterkaste am Tempel samt ihrer Opferwirtschaft nicht mag. Jesu Messiasprojekt läuft nicht auf der Priesterschiene, sondern konsequent über die Zeugenschaft und das Gott-Können der Amateure. Also Bethlehem, nicht Jerusalem, Hirten, nicht Geistlichkeit, Frauen am Grab, nicht Apostelmänner; keine Leviten, sondern dörfliche Fischer. Die Karte der Nicht-Professionellen wird gespielt. Gemessen an den damals und heute üblichen Institutionen eine auffallende Form der Unordentlichkeit.
Ich habe versucht, mir klarzumachen, wie das Argument aussieht, das der Rede vom vollbeschäftigten, seinen Zwecken ausgelieferten Jesus zu Grunde liegt. Es liegt wohl in der Vorstellung, dass Jesus die gesamte Lebensenergie, die in ihm war, vollständig bis zum letzten Kubikzentimeter für seine Aufgabe zu verwenden hatte. Es blieb ihm nichts übrig neben seinem Erlöseramt. Dieses Argument des totalen Verbrauches ist zu bezweifeln, denn die in Jesus wirkende Kraft transzendiert den Anspruch, der vom sündigen Zustand des Menschengeschlechtes ausgeht. In ihm ist mehr, als das ausmacht, was er faktisch für die Welt tut. Die souveräne, freie Bewegung ist nicht völlig zugedeckt. Es ist viel

Überschießendes in ihm, an göttlicher Muße und Gelassenheit allem Geschehen gegenüber, das ihn trifft. Ich sehe in seiner Geschichte nirgendwo den Schatten der Angst, das gesamte Erlösungstun könnte misslingen, weil eine der handelnden Rollen sich ausklinkt. Die Stimmung ist eher getragen von der Gewissheit des vollen Gelingens. Im Übrigen verblüfft mich der Eifer, der in manchen Theologen glüht, die dem Messias nicht erlauben wollen, neben seiner Bindung an das Heil der Menschen noch irgendein anderes Interesse zu haben. Das dulden sie nicht, sie nehmen ihn ganz für sich her, er hat ausschließlich für sie da zu sein. Mit welchem Recht?

In diesem Rahmen kommt mir Jesus *zwecklos* vor. Nicht sinnlos, nicht nutzlos, nicht ziellos. Aber da ist mehr als seine Aufgabe am Kreuz, mehr als seine Nützlichkeiten, mehr als seine Worte und seine Taten, als seine geäußerten Absichten. Vor meinen Augen erhebt sich das Gesicht dieser Person, der in Freiheit zugewandte Menschensohn. Ihm darf wohl zugetraut werden, dass er sich in allen Sphären bewegen kann, dass er in seiner Aufgabe nicht eingesperrt ist. Der schöpfungsfromme, der gnadenfreudige, der blutende, der lachende, der in allen Dialekten gestikulierende Messias. Mit dem Kreuz allein ist diese rätselhaft bewegende Gestalt nicht schon in der glühendsten Chiffre verstanden.

Ich dichte dazu eine apokryphe Anekdote, die ich der Maria Magdalena in den Mund lege. Sie redet zur Siestazeit mit Jesus und sagt ihm einige Dinge, die ihn nachdenklich stimmen:

„Du rennst durch die Gegend und siehst das Land nicht. Schenke deine Augen den Ölbäumen, lass sie wohnen in der Laubkrone dieser edlen Gewächse. Lebe die Welt, und du brauchst sonst nichts zu tun. Was dir entgegenkommt, was den Leuten einfällt, wenn sie dich hören und sehen, wird hart genug sein, du wirst dein Blut nicht für dich behalten können. Bleib stehen in Galiläa und greif einem Schaf in die Wolle. Fühle es." – Und weiter sagt die Frau aus Magdala: „Da reden deine gescheitesten Fans etwas daher, du seiest in dein Eigentum gekommen und die Deinen hätten dich nicht aufgenommen. Wie kann den Schreibern der heiligen Buchstaben ein so ungenaues Mundwerk erlaubt sein? Du erlebst es doch: Ungeheuer aufgenommen und geliebt und geachtet und mit ganzer Seele umarmt bist du da. Das ist die Stimme der Freundschaft, die du nicht überhören kannst, dein Eigen und Daheim. Du, Jesus, auch angefeindet und geschmäht bis auf das Blut. Der Tod wird dir entgegengebrüllt und lachend angetan, das ist wahr, mein Joschua, das ist leider tausendmal wahr. Aber zehntausend Mal wahr ist, dass ich den Mantel meiner Liebe um dich werfe. Du bist nicht bei uns, nur um zu bluten, nur um deinen zerschlagenen Leib vor uns auszubreiten. Wir kennen dich auch anders. An deiner Stimme, die sich für immer in unserem Ohr eingenistet hat. An deinem Gesicht, das in unserer Welt leuchtet. An der Sprache, die von dir unaufhaltsam geht in alle Gegenden der Erde. Ich will nicht glauben, dass du der Heiland der sanften Hände bist und zugleich der sein solltest, der das Leiden, das Blut und die Schmerzen zur Gottheit erhebt. Wer hat uns nur diese Trunkenheit am Wehtun eingeflößt?"

Und eine andere Anekdote münze ich auf unsere opfersprachliche Gewohnheit. Jesaja, der Prophet, hört in der Nacht die verborgene Stimme aus der Höhe: „Für wen haltet ihr mich, dass ich mir immer noch eure Beteuerung anhören muss, ihr wolltet mir alles zurückgeben, das Leben, die Liebe, die Kraft und das Geschlecht, die Blumen und die Seele, das Gewissen, rundum alles. Habe ich es euch nicht gegeben, dass es hinfindet zu sich selbst, dass es seine Energie entfaltet? Bin ich nicht freigiebig genug, dass ich die Welt aus der Hand lasse? Wer bin ich denn, dass ich meine Gabe auf dem kürzesten Wege wieder zurückhaben will? Bin ich geworden wie ein Mädchen, das seine Küsse von den Lippen des Freundes wieder wegschnappt und selber trinkt? Zeigt mir doch, was aus dem Talent geworden ist, das euch geschenkt ist, meine Augen sind durstig nach den Bildern. Ich will nichts zurückhaben. Vergesst den mystischen Geizhals, den eure Pneumatiker aus mir gemacht haben. Und der Prophet hörte Adonai weiter sagen: Hört auf mit euren Blutliedern, das gellt mir in den Ohren, als hätte ich Jesus in die schlimme Gasse beordert, als hätte ich seinen Galgen gezimmert in den ewigen Jahren meiner Weisheit."

Das soll für jetzt genug sein, liebe Freunde. Vielleicht finden wir später noch die Zeit, uns auf diese Gedanken näher einzulassen. Ihr werdet es gewiss nicht für ein überflüssiges Spiel halten, wenn ich zum Schluss meines Briefes versuche, den kategorischen Imperativ, den der Philosoph Immanuel Kant formuliert hat, auf meinen Umgang mit dem Galiläer anzuwenden. Ich habe ihm die folgende Form gegeben: „Bemühe dich, diesen Jesus nicht nur anzuschauen und zu verehren wegen des guten Zwecks, für den er sich einsetzt und am Kreuz hängt. Betrachte ihn immer auch als jemand, der mehr ist als seine Funktion, mehr als sein Mittlertum und Heilandswesen, das durch alle Bilder und Worte hereinbrechende Du."

Ich grüße Euch mit dem Wort aus der Sprache Jesu: Shalom!

Wegzeichen

Dieser Text greift Fragen auf, die von Studierenden häufig in Vorlesungen geäußert wurden: Worin liegt die Weisungskompetenz der Theologie? Was trägt sie für den Glauben und das Leben ein? Lässt sich Gott erkennen? Worauf kommt es im Glauben an? Welche Rolle spielt die Kirche?

Liebe Sidonia, nun bist Du an der Reihe. Ich habe beim letzten Abendessen mit Dir und Deinem Honorius versprochen, meinen religiösen *Fahrplan* – der Ausdruck stammt von Dir – schriftlich mitzuteilen. Lies, was ich gefunden habe. Du weißt, dass ich keine Kompetenz besitze, Gebote zu erlassen. Die folgenden Seiten sind, im Bild gesprochen, der Versuch, Schneestangen auszumachen in der verwirrenden, oft unwirtlichen Landschaft der modernen Kultur, schlichte Markierungen, die mir helfen, die Richtung im christlichen Glauben zu halten.

Aufmerksamkeit

Wenn ich alles durchstöbere, was mich irgendwann einmal bewegt und schließlich dazu verlockt hat, ein Christ zu werden und sogar den Beruf des Geistlichen anzustreben, bleibt am Ende eines übrig: *Gott.* Die Seele ist aufgerissen von dieser Frage und lässt sich durch keine Beschwichtigung beruhigen. Der Krater des Einschlages aus der ganz anderen Zone liegt mitten im Leben, gleichgültig, an welchem Ort in welcher Zeit und auch in welcher Form es gelebt wird. Die Tiere bewegen sich in ihrer natürlichen Rundheit, die Pflanzen und die leblosen Elemente sind selbstverständlich da. Der Mensch lebt mit dieser Umwelt, gehört aber nicht zu ihr, ist weiter weg davon, als es seine biologische Verfassung ahnen lässt. In ihm „ist eine Wunde, ein oft geheimes, aber unverlierbares Zeichen seiner Größe. Steigt sie im Bewusstsein empor, erscheint sie unter vielfachen Gestalten. Als eine immer wieder neu aufbrechende Unruhe, eine wesenhafte Unbefriedigung, die nicht nur

verhindert, sich an irgendeine beständige Gestalt zu halten, sondern auch sich mit einem Fortschritt zu begnügen, der in die gleiche Richtung treibt" (Henri de Lubac). Die Religionen machen aus dieser schicksalhaften Öffnung ihre Aufmerksamkeit auf Gott, der aus ihr heraustritt, aus ihr spricht, und das ist allemal die Hauptsache, der erste Gestus. Die biblische Tradition ist mit allen Organen und Nerven auf den Gottespunkt hingespannt. Was sonst noch darin vorkommt, hat von dieser Stelle aus Sinn und Gewicht. Und mag es auch oft sein, dass sich das Interesse auf alle möglichen anderen Dinge richtet, es wird wieder, immer wieder an den Ausgangspunkt zurückgeholt. Die lange Zeit, in der das biblische Evangelium schon seine Wirkung tut, hat viele Gewohnheiten entstehen lassen, endgültig klingende Sätze, vertraute Formen der Andacht wie der Praxis. Doch mitten in diese Anhäufung des frommen Materials brechen die ersten Empfindungen auf und bleiben auch heute die ersten: Fragen, Zweifel, Erkenntnishunger, Staunen, Entsetzen, Schwindelgefühl, Dahingerissensein, Unaufhaltsamkeit, und niemand sonst kann gemeint sein als Gott.
Liebe Sidonia, Du hast neulich im Gespräch mit Recht gesagt, „die großen Namen – Abraham, Moses, Jeremia, Jesus, Paulus – nennen allesamt keine sitzenden umzäunten, ruhenden Existenzen, sondern Wanderer, Geher, Aufgestörte, Vertriebene". Gewiss, es steht viel stabile Institution in allen Gegenden der Welt. Die feste, als System hoch entwickelte Kirche. Sie kann aber kein Argument gegen diese Bewegungsenergie der Religion sein. Sie ist, wenn es gut geht, ein Ausdruck der Aufmerksamkeit, wenn es schlecht steht, versucht sie sich darum herumzulegen, als könnte sie den alles sprengenden Akt irgendwie umfassen, eine Art Gottesbehälter sein, an dem die geistlichen Funktionäre der Selbstverständlichkeit ihren Dienst tun. Aufmerksam sein heißt daher, heute die Frage nach Gott fragen: *Erstens* gegen die Zufriedenheiten, die sie verdrängen, verbieten oder vergessen helfen, gegen die totale Herrschaft von Konsum und Unterhaltung; *zweitens* gegen die kirchliche Selbstbefangenheit, durch die wichtige Nebensachen zur Hauptsache gemacht werden; und *drittens* gegen eine Tradition, die in vielen Zügen zum Gerede geworden ist, das sich in sich selbst dreht.

Spuren lesen

Seit Jahrtausenden ist die Sache im Gang, ein zeitlicher Prozess, in dem sich viel angesammelt hat. Ist nicht schon alles Wissenswerte vorhanden? Haben nicht längst die Konzilien, die Theologen und Päpste ausführlich genug gedacht und endgültig genug gesprochen? Die unermüdliche Arbeit der Generationen, die da lesen, schreiben, drucken, grübeln, auslegen und festlegen; eine imposante Wirklichkeit. Verständlich, dass es Leute gibt, die sich hinstellen und behaupten: Die Gottesarbeit ist erledigt, wir haben allein die Aufgabe, sie genau weiterzusagen. Wehe allen, die wieder von vorn anfangen wollen! Lest, hört zu und seid froh.

Wer sich darauf einlässt, braucht nur mehr in die Lagerhäuser der Geschichte zu gehen, einen Sitzplatz zu mieten, und alles ist getan. Das ist nicht meine Gangart. Der maßgebende Text des Glaubens drängt mich in eine andere Haltung. Im Johannesevangelium (4,1–26) lese ich das Gespräch Jesu mit der Frau aus Samaria. Der Messias beantwortet die Frage nach dem eigentlichen Ort der Anbetung Gottes. Die Tradition nennt die heiligen Berge Garizim und Zion als die Orte, an denen gebetet werden soll. Jesus spricht dagegen von der Aufhebung aller exklusiven Lokalisierung des Gebetes. *Weder da noch dort, sondern im Geist und in der Wahrheit soll* es *geschehen,* überall wo Menschen leben, auf jedem Fleck der Erde. Das kann auch auf die Zeit angewendet werden. Die exklusive Datierung der Erkenntnis und der Verehrung Gottes auf eine bestimmte Zeitphase wird verneint zugunsten einer *immer* möglichen Andacht des Verstandes und des Herzens. Jeder Augenblick der weltlichen Zeit ist unmittelbar zu Gott. Die Glaubensgeschichte ist nicht abgeschlossen und nicht abschließbar. Mit jeder Lösung entstehen neue Rätsel. Auch wenn unsere Augen mit dem Vorrat der überlieferten Weisheit gefüllt sind, blicken sie heute in neue, unbekannte, ungewisse Windrichtungen. Die Spuren Gottes in der Welt und die Wege des Menschen in der Schöpfung sind in unseren Tagen so rätselhaft wie zur Zeit Karls des Großen. Denke an die Themen *Natur, Kosmos, Leben* in der gegenwärtigen Wissenschaft. Soll der Sinn des religiösen Engagements nur darin bestehen, dass in allen Tönen über die Hemmungslosigkeit der menschlichen Wissbegier gejammert wird? Ist es nicht redlicher und gläubiger, sich den aufbrechenden, ungeheuren Möglichkeiten zu stellen? Der Anfang, der einmal gemacht wurde mit der blitzhaften Ahnung Gottes, mit der aufregenden Erscheinung Jesu, ist nicht zugleich auch schon der Schluss, sondern die Öffnung auf das Abenteuer und das Risiko der Geschichte. Nicht Vorsager und Nachsager sind wir, sondern Teilhaber an einem Fluss ursprünglicher Erfahrung, in der wir einander helfen und behindern, einander erleuchten und verblenden. Wer weiß, an welchen Orten Gott heute brennt? Wer kennt die spezifischen Gewissheiten und Verzweiflungen der Zeit? Alle Organe der Wahrnehmung sind gefordert, denn das, was uns unbedingt angeht, liegt vor uns. „Die Wahrheit des Christentums gleicht darin dem Manna, das sich nicht aufspeichern lässt: es ist heute frisch, morgen faul. Eine Wahrheit, die nur noch tradiert wird, ohne von Grund auf neu gedacht zu werden, hat ihre Lebenskraft eingebüßt." (Hans Urs von Balthasar).

Zeugen

Auch aus Jesus hätte ein Pfaffe werden sollen, wenn es exakt nach dem Willen seiner Jünger gegangen wäre. Sidonia, Du kennst die Erzählung im Evangelium des Lukas (9,51–56). Jesus ist mit seinen Leuten auf dem Weg nach Jerusalem, sie durchqueren die Landschaft Samaria und wollen in einem Dorf übernachten. Die Bewohner geben ihnen kein Quartier, weil sie Jerusalempilger sind und die Samaritaner mit dem Zentrum des rechtgläubigen Judentums nichts zu tun haben wollen. Daraufhin kommt von den Jüngern der Vorschlag: *Sollen wir befehlen, dass Feuer vom Himmel fällt und sie vernichtet?* Von Jesus heißt es dann: *Er drehte sich um und herrschte sie an.* Eine andere Szene bringt Markus (10,37–45). Jakobus und Johannes, zwei Männer aus dem engeren Kreis um Jesus, kommen mit einer Bitte zu ihm: Sie wollen *zur Rechten und zur Linken sitzen, wenn das Reich Gottes kommt.* Die Reaktion Jesu klingt resigniert: *Ihr wisst nicht, worum ihr bittet!* Die Evangelien, in denen das Christentum der ersten Stunde dokumentiert ist, enthalten auch Geschichten von der Entstehung des Klerikalismus. Es scheint schon damals die Sehnsucht nach dem beamtenlosen Gott in der Luft gelegen zu haben. Sie hat sich in der späteren Zeit oft in vehementer Kritik der Religion geäußert. Ich fasse dieses Ärgernis in Stichworten zusammen: Die Gott umgebenden Funktionäre benützen das Heilige für ihre Ehre und ihre Interessen, die Gottverwalter machen aus der Religion eine Beschaffungsaktion für sakrale Planstellen, Gotteiferer sind überzeugt, dass die Weihe oder eine heftige Inbrunst ihre Vernunft gewaltig verbessert, wenn nicht gegen allen Irrtum immun gemacht hat. Für dieses Personal wird die Position neben Jesus wichtiger als er selbst. Sie sagen *Liebe* und tun, was sie wollen. Sie haben immer Recht und benützen die Demut als Gummi, die spezifische Biegsamkeit derer, die sich gern die Guten nennen lassen. „Es gibt keinen Kern, um den sich eine dichtere Heuchelei bildete als um die Gottesidee“ (Henri de Lubac). – Ein Monstrum dieser Art existiert wohl gar nicht als ganze Gestalt, aber es verstreut sich über die christliche Szene und macht auch in den kleinen Portionen genug Verdruss. Hie und da muss es zusammengebaut werden, damit die Perversion schockierend vor Augen tritt, die in kleinen Schüben die Mentalität erobert. Mir scheint, als hätte Jesus, der Nicht-Priester, dagegen gearbeitet und als sei er deshalb später, aber noch im Neuen Testament, der *getreue Zeuge* (Offb 1,5) genannt worden. Das deutsche Wort *zeugen* hat einen Doppelsinn, in dem sich treffend sagen lässt, wie das Evangelium gebraucht werden soll. Es wird gebraucht für den Vorgang der biologischen Weckung neuen Lebens und es bedeutet auch Wahrheit finden, ausdrücken, vertreten, Sinn vergegenwärtigen. In beiden Formen geht es um *Berührung*, ein ursprüngliches Verhältnis, in dem Nähe und Lassen verbunden sind. Gott ist nicht besitzbar, er ist niemandes Eigentum, aber es gibt Berührungen, in denen die Ahnung seiner Gegenwart vom einen zum anderen geht. Gott, steht im ersten Johannesbrief, „ist größer als unser Herz“ (1 Joh 3,20), das heißt auch: Er ist größer als die gewalttätigen Bedürfnisse unseres Magens, als die Sucht, sich seiner für alles Mögliche zu bedienen.

Vieles kann ich aus dem Bestand meiner Lebensgestalt abgeben. Ganze Körperteile können verschenkt werden, zu Lebzeiten oder nach dem Tod, die Leber, die Nieren, das Rückenmark. Auch das Eigentumsrecht an Erfindungen und Ideen wird veräußert, große Stücke der Bewegungsfreiheit gehen in fremde Verfügung. Es bleibt immer ein unangreifbarer, unbeweglicher, unveräußerlicher Rest, der den Menschen ausmacht. Dafür kennen wir eine Reihe von Benennungen: Gewissen, Verantwortung, Geist, Selbstbewusstsein, Seele, freier Wille. Sie bezeichnen einen Innenraum, der ganz für sich steht und nicht mit der Welt der Dinge vermengt werden kann. Hier geschieht alles Aufmerken, Erkennen, Entscheiden, Glauben, Zweifeln und Anerkennen. Das ist der Schalter, über den das Menschenleben läuft, und die Stelle, an der Gott den Menschen angeht. Die Religion der Bibel spricht davon in wechselnden Formen, sehr schlicht zum Beispiel im Buch Jesaja: „Jeden Morgen weckt er mein Ohr“ (Jes 50,4). Der Einschlag des göttlichen Impulses in der Seele löst eine Zündung aus für neues Verstehen, das nicht im Menschen selbst geboren wird. Das ist Licht, nicht nur Stoß, Erhellung, nicht nur Ergreifung, Befreiung, nicht Fesselung, Aufrichtung, nicht Niederwerfung, Begabung zu eigenständigem Können, nicht Dressur auf Fügsamkeit. Mir leuchtet das immer wieder ein, wenn ich in den Evangelien nach der Art suche, in der Jesus seine Sache mitgeteilt hat. Er wendet sich beharrlich an die im Menschen wohnende Kraft der Erkenntnis, nicht an die auch vorhandene Bereitschaft zur Unterwürfigkeit. Paulus schreibt in diesem Sinn an die Korinther: „Seid doch nicht Kinder an Einsicht … seid Unmündige an Bosheit, an Einsicht aber seid reife Menschen“ (1 Kor 14,20). Allemal geht es um die Aktivierung der zentralen Energie im Menschen selbst. Sollten die Christen nicht so miteinander umgehen, von dieser göttlichen Voraussetzung her? Im Stil freier Erwachsenheit, zu der es gehört, dass man von den Organen der Erkenntnis selbständigen Gebrauch macht? Wer die Karikatur dieses Konzepts der Mündigkeit erleben will, braucht nicht lang zu suchen. Für manche Kirchenleute ist Gott nichts anderes als ein Ausdruck ihrer heftigen Rechthaberei, die höchste Vormundschaft, die in befehlshaberischem Poltern nachgeahmt wird. Als wären jene Vögel das Vorbild, die aus dem Kropf, wo sie Nahrung gespeichert und vorverdaut haben, die Portionen hervorwürgen und in den Schnabel der Brut stopfen. Du hast mir einmal den schlimmen Satz von Thomas Bernhard zitiert: „Die Kirche ersetzt der Allgemeinheit das Gehirn.“ Wäre es so, die kirchliche Verwirklichung der Religion müsste als die schrecklichste Infantilität gelten, aus der man so bald wie möglich ausbrechen muss. Vor diesem Kurzschluss rettet die Erinnerung an den Willen zur Mündigkeit, der dem biblischen Gottesimpuls von Anfang an eingestiftet ist. „Durch kein menschliches Gesetz können die personale Würde und die Freiheit des Menschen so wirksam geschützt werden wie durch das Evangelium Christi, das der Kirche anvertraut ist. Diese Frohbotschaft nämlich verkündet und proklamiert die Freiheit der Kinder Gottes“ (Zweites Vatikanisches Konzil). Solcher Bejahung darf kein *Aber* hinzugefügt werden, wie es oft geschieht nach der missmutigen Einräumung, dass es so etwas wie diese Freiheit eben gebe. Sie muss ganz nackt und blank gelten. Denn nur so ist es möglich, gottesgemäß und menschenwürdig zu glauben.

Wahrheit

Wie leicht ist es heutzutage, die Diagnose der *Verkopfung* verpasst und den heilsamen Rat geschenkt zu bekommen, doch mehr aus dem Bauch heraus zu reden und zu denken! Das Wort *Wahrheit* ist im Religionsklima der Gegenwart nicht häufig zu hören. Es ist ein vertriebenes Vokabel. Gefühl ist alles, Name, Begriff und Lehre sind Schall und Rauch. Die Verlegung des Organs der Erkenntnis in die Nabelgegend garantiert Intensität, die mit hoher Flamme brennt. Der Primat der Stimmung hat sich im Zuge einer leisen Überrumpelung durchgesetzt. Kenner der Lage liefern diese pessimistischen Befunde. In Predigt, Liturgie, Religionsunterricht und Bildungswerkprogrammen seien die genuin religiösen Inhalte abhandengekommen, es gebe viel Keramik und biorhythmische Übungen, aber wenig Interesse für die Hauptsätze des Glaubens, wie sie im *Credo* stehen. Die rhetorische Mischmaschine verreibe alles zu einem mundigen Brei, sei der Werbung gleichgeschaltet, ganz und gar auf Bekömmlichkeit konzentriert.

Ich will mich nicht einer melancholischen Polemik anschließen, die ja auch mit den Mitteln der affektiven Rührung arbeitet. Wenn es im Zug der Zeit liegt, mehr das Glaubensgefühl als den Glaubensgedanken zu suchen, gibt es vielleicht Gründe dafür. Dann ist es sachlich geboten, sie zu beachten, wenn man in dieser Situation eigene Haltung finden will. Die Wende zum Gefühl, das Seele und Grundlage der Religion sein soll, ist auch verständlich von der Art und Weise her, wie die religiöse Wahrheit verwaltet wurde. Die blutigen Kosten der Rechtgläubigkeit sind nicht vergessen und es scheint sich tief in das Gedächtnis eingegraben zu haben, dass der Streit um die heilige Wahrheit oft genug mit Feuer, Schwert und Galgen entschieden wurde. War es nicht besser, dieses gefährliche Terrain zu verlassen? Die Einladung dazu war auch immer dann plausibel, wenn die Religion in der offiziellen Praxis zur kalten Doktrin verkam, ein Vorgang, der besonders in der Beichte hart auf die Seele schlug. Man denke nur an den Rigorismus in allen Belangen der Sexualität.

Das alles ist wahr, aber es kann nicht der Anlass sein, den Glauben von der Wahrheit zu lösen. Es muss erst recht gefragt werden, was die biblische Gottesbotschaft bringt und was nicht, welchen Stil der Mitteilung sie nahelegt, welche Mittel der Verkündigung sie ausschließt. Die terroristische Verdrehung der Wahrheit kann nur auf der Ebene der Wahrheit korrigiert werden, durch eine sachgemäße Vergewisserung. Zu dieser gehört nach wie vor: Gott ist ein Inhalt und nicht bloß ein vagabundierendes Gefühl. Der Gott Immanuel, der Jesus-Gott, der Auge und Gehör in das Universum versenkt, so dass nichts mehr stumm und blind bleibt, weil alles zu einem lesbaren Wort geworden ist. Geist ist nicht mit Dunst zu verwechseln, denn Geist und Wahrheit gehören auch für Jesus zusammen (Joh 4,23; 16,13), der ausdrücklich vor dem Gottanplappern warnt (Mt 6,7). Jesus ist eine trennscharfe Gestalt mit einem deutlich unterscheidbaren Programm, mit unverwechselbarer Haltung.

Die Religion verdampft in der Flüchtigkeit der Emotion, wenn sie nicht aus sich die Kraft des Gedankens freisetzt. Auf der Basis des bloßen Gefühls wird es keinen Dialog der Religionen geben können, sondern höchstens den Lärm der Bekenntnisse. Das Gefühl bietet kein verlässliches Kriterium im Streit um das wahre Leben. Beim Philosophen Hegel steht zu lesen, es sei die „wesentliche Natur des Gefühls, dass es für sich eine bloße Form, für sich unbestimmt ist und jeden Inhalt in sich haben kann“[1]. Die Religion muss nach seiner Auffassung mehr sein als das Gefühl tiefer Abhängigkeit, sonst „wäre der Hund der beste Christ, denn er trägt dieses am stärksten in sich und lebt vornehmlich in diesem Gefühle. Auch Erlösungsgefühle hat der Hund, wenn seinem Hunger durch einen Knochen Befriedigung wird.“[2]
Für das biblische Glaubensprogramm ist die Wahrheit eine Gerichtsfrage, die dem Menschen gestellt wird, die ihm aber auch das hohe Tor in die ewige Wirklichkeit Gottes öffnet.

Wählen

Ich habe mich als Christen vorgefunden, war schon getauft, gespeist und gefirmt, lange bevor mir die Lage aufgefallen ist. Als das geschah, merkte ich gleichzeitig, dass meine Religion nicht die einzige auf der Welt ist und dass mein religiöser Weg mit anderen Wegen verglichen werden, mit diesen in Konkurrenz treten kann. Der Aufenthalt im Paradies der Selbstverständlichkeit war frei gewesen von allen Bedrängnissen, hatte das Gefühl erlaubt, das eigene Bekenntnis gelte überall auf der Welt, es bestehe kein Anlass, sich ernsthaft mit anderen Möglichkeiten zu befassen. Das war plötzlich vorbei, man befand sich draußen, versetzt in die unbequeme Erfahrung, dass auch die Welt der Religionen unübersichtlich, zufällig und vielfältig war.
Die Vielheit der Religionen ist kein zeitweiliger Defekt, der sich in der Zeit dieser Welt irgendwann einmal reparieren lässt. Wir haben es mit einem unausweichlichen und unaufhebbaren Faktor zu tun. Weder

1 G. W. F. Hegel, Berliner Schriften 1818–1831 (Werke 11), Frankfurt 1986, 59.
2 G. W. F. Hegel, Berliner Schriften 1818–1831 (Werke 11), Frankfurt 1986, 58.

durch freie Übereinkunft noch durch allmähliche Entwicklung noch durch gewaltsame Bekehrung kann diese Vielheit aufgelöst und in eine einzige Religionsform übergeführt werden. Auch der so genannte mystische Weg führt nicht aus dieser Lage heraus, sondern bietet nur eine der vielen Möglichkeiten. Daher bleibt heute wie eh und je, aber heute mit größerer Klarheit, nur die *freie Wahl* der religiösen Orientierung. Die Wahrheit des Glaubens ist auf eine Zukunft hin entworfen, die nicht in der Zeit liegt. Sie ist jetzt erkennbar, kann aber in ihrer vollkommenen Evidenz erst am *Tag Jahwes* eingelöst werden. Liebe Sidonia, Du erinnerst Dich, dass wir in unserem Gespräch mehrere Male an diesen Punkt geraten sind. Du hast gesagt, es verwirre Dich der Wechsel in der Perspektive. Bisher habest Du gelebt mit der *gehabten* Wahrheit und nun solltest Du mit der *gehofften* Wahrheit zufrieden sein. Ich versuche jetzt deutlicher zu sagen, was ich damals nur gestottert habe. Die gehabte Wahrheit erstreckt sich in die gehoffte, und die Hoffnung leuchtet in die Gegenwart herein. Die Bibel verbindet das eine mit dem anderen; Paulus zum Beispiel, der die Wahrheit als Rätsel und als Gesicht Gottes erfährt (1 Kor 13,9–13), oder Matthäus, der die Gegenwart betont: „Ihr aber seid selig, denn eure Augen sehen und eure Ohren hören" (Mt 13,16), während Sacharja von der zukünftigen Offenbarung spricht: „Dann wird der Herr König sein über die ganze Erde. An jenem Tag wird der Herr der einzige sein und sein Name der einzige" (Sach 14,9).

Die Wahrheitentscheidung ist dem Augenblick vorbehalten, in dem die weltliche Zeit in die offene Gegenwart Gottes aufgehoben wird. Glauben heißt daher auch, *sich einüben in die Vorläufigkeit*, verzichten auf endgültiges Sehen der Wahrheit jetzt, auf die vollkommene Darstellung des Guten jetzt, auf das letzte Urteil jetzt. Die Terroristen aller Art sind von ihrer guten Meinung besessen, über die absolute Wahrheit, das höchste Gute und das letzte Urteil praktisch verfügen zu können. Dagegen setzen wir die Wahl, in der die Situation der Vielfältigkeit in ehrlicher, friedlicher und entschiedener Weise bestanden werden kann. Weder theoretische noch praktische Vorgriffe auf den Wahrheitsaugenblick stehen an, sondern die Aufmerksamkeit und der Mut, jetzt mit den Differenzen leben zu lernen, streitbar, freundlich, produktiv, in aufrichtiger Gegenseitigkeit. Auch im religiösen Bereich ereignet sich immer wieder das schlechte Dilemma: entweder Terror der Harmonie oder totaler Krieg. Dazwischen wabert das Vakuum der Gleichgültigkeit. Die schlichte Arbeit an den konkreten Unterschieden, in den fruchtbaren Differenzen, geschieht bis auf den heutigen Tag im Schatten der großen Gedanken, an denen sich vor allem die Utopisten gütlich tun.

Katholisch glauben

Honorius hat mir mit seiner Frage einen Wurm ins Ohr gesetzt: Was ist an den Unterschieden im Christentum überholt und was ist heute aktuell? Gibt es in unserer Gegenwart noch beachtenswerte Gründe dafür, dass sich ein Christ bewusst von anderen Christen unterscheidet, ich also mit Willen und Verstand ein Katholik sein kann? Oder ist das längst zu einer Gewohnheit geworden, in der lieb gewordene Formen und Bräuche in ihrer bunten Vielfalt weiter behalten werden, ohne dass damit eine grundsätzliche Andersheit gegeben wäre?
Das Problem bewegt nicht allein das Christentum, sondern gehört auch in den anderen Religionen zum Alltag, im Judentum so sichtbar wie im Islam und im Buddhismus. An diesem Sachverhalt sollte man nicht achtlos vorbeidenken. Es bedeutet vielleicht, dass keine einzige Religion für die Zeit ihrer Dauer vollkommen einheitlich geblieben ist. Alle haben sich irgendwann irgendwie differenziert, artikuliert, gespalten, geteilt. Was wir daran bedauern können, ist nicht das Gesetz der Perspektive, dem niemand entgeht, sondern die Art, wie es realisiert wird.
Die christlichen Konfessionen holen viel altes Kontroversgerät aus der Vitrine, mit dem antiquarisch gestimmte Theologen gern hantieren. Sie suchen es hervor, blasen Staub weg, heben es hoch und zeigen es herum, dann steht es wieder in der guten Stube und glänzt von alten Zeiten: Das Filioque (ob der Geist nur aus dem Vater oder auch aus dem Sohn hervorgeht), die Kelchkommunion, der Zölibat, das Fegfeuer, der Heiligenkult, Fronleichnam, Maria, die Kleidergesetzgebung und vieles dergleichen. Damit verbunden eine Mentalität der Eigenbrötelei,

des Individualismus, der sich in Einzelheiten verbröselt, dem die Gemeinsamkeit in Sache und Sprache des Glaubens kein Wert mehr ist. Für das, was *aktuell* bleibt, setze ich voraus, dass Gott die Vielfalt der christlichen Kirchen nicht nur zugelassen, sondern gewollt hat, dass die bestehende Basis-Einheit größer ist als die Unterschiede, dass es mehr Nähe gibt als Abstand. Das scharfe, komplexe Profil des Evangeliums wird nur in vielfacher Streuung sichtbar. Der übliche Ökumenismus überspielt das, wenn er jedes Jahr im Jänner ein wenig Einheit summt und Spaltung bejammert. Wer dankt der Vorsehung, dass sie in ihrer Weisheit das rettende Wort den vielen Aposteln anvertraut hat und eine Mehrzahl von Evangelisten schreiben ließ?
In diesem Rahmen ziehe ich die katholische Form des Christentums vor. Der Beweggrund liegt für mich nicht in der großen Zahl der Mitglieder, nicht in der effizienten Organisation der römischen Kirche, nicht in ihrem Autoritätsanspruch. Sie bezeugt mit größerer Klarheit, als ich es sonst wo sehen kann, die *Gestalt der Gnade.* Ich kann Dir, liebe Sidonia, nur in kurzen Worten hersetzen, was ich damit meine: Die Sprache lernen aus der Vorgabe, dass Gottes ewiges *Wort Fleisch* geworden ist (Joh 1,14). Ich liebe die hemmungslose Sakramentalität, die dem Gestus des Weihwassers mehr vertraut als dem Verdacht, es könnte sich eine magische Absicht darin verstecken. Die ganze Welt kann darin zu Wort kommen, die gestrige Erfahrung des Lebens so gut wie die heutige. Diese Poetik des Glaubens hilft mir, aufrichtig in der Tradition zu leben, in der wir uns befinden, ihre unverwechselbare Leistung wahrzunehmen und ihre Verkümmerungen zu empfinden, zum Beispiel den Verlust der sinnlichen Prägnanz im Zuge der Liturgiereform, den Ausbruch der überwältigenden Redseligkeit und den Schwund der Zeichen im Gottesdienst. Ich zähle zu dieser Gnadengestalt den *kollegialen Papst.* Noch nie habe ich den Wunsch verspürt, den römischen Pontifex abzuschaffen. Honorius hat sich darüber gewundert und mich gegen mich zitiert. Aber ich bleibe dabei: Es ist vernünftig, dass es dieses Schaltzentrum für Kommunikation gibt, ein starkes Gegengewicht zur Verwandlung der Christenheit in die Unzahl spiritueller Schrebergärtchen. Aus tausenden Richtungen kommen die Erwartungen an diese Instanz, die nicht nur Zustimmungsereignisse möglich macht, son-

dern auch als markante Adresse im Meinungsstreit wirkt. Die Kollegialität dieses Amtes ist zurzeit noch in seiner faktischen Form verborgen. Kein Zweifel, dass es sich deutlicher unterscheiden sollte von den Mustern absoluter Herrschaft, mit ihren zentralistischen Rechthabereien. Christus hat einen Stellvertreter, der Papst hat keinen. Kollegen müssen auch als solche behandelt werden, wenn man sie schon mit diesem schönen Titel anredet. Dass dies noch ein offener Wunsch ist an die päpstliche Zentralbehörde und an den Papst selbst, weiß ich von Bischöfen.

Achtung der Nebensächlichen

Die großen Mundwerke der Philosophie reden grobe Botschaften, Friedrich Nietzsche zum Beispiel: „Die allermeisten Menschen sind ohne Recht zum Dasein, sondern ein Unglück für die höheren“[3] und „Verdorben ist das Leben durch die Viel-zu-Vielen“[4]. Er spricht den Ekel vor der Massenhaftigkeit an, vor der langweiligen Durchschnittlichkeit der Menschenexemplare, die Scham darüber, dass die stärkste Persönlichkeit zu dem Milliardengewimmel gehört, eine Mücke im Schwarm. Es wird nahegelegt, die Energien, die für die Menschenpflege aufgewendet werden, umzuwidmen: Die Starken stärker zu machen und die Schwachen in ihrer Schwäche vergehen zu lassen. Den Propheten der robusten Lebendigkeit hat gerade in der fortschrittlichen Neuzeit die Forderung eingeleuchtet, den Menschen höherzuzüchten, auf den Über-Menschen hin. Ein wunschhaftes Vorspiel dazu bringen uns die Medien alle Tage in die Wohnung, den Wettlauf in die Vitalität, in dem entschieden wird, wer zur biologischen Aristokratie gehört, die gesund, schön, potent und grenzenlos erlebnisfähig ist. Dieselbe Gesellschaftswelt freut sich an der sentimentalen Universalsympathie, an den humanitären Ohrwürmern, wie sie Schiller gereimt und Beethoven komponiert hat, die leicht gesungenen Räusche des totalen Gefühls: „Seid umschlungen, Millionen, diesen Kuss der ganzen Welt ...“

3 F. Nietzsche, Werke 3, München 1982, 427.

4 F. Nietzsche, Werke 2, München 1981, 130.

Das Jesus-Programm steht gegen die natürliche Selektion des vornehmen Menschen, wie sie Nietzsche in seiner Philosophie betrieben hat. Ich lese im Evangelium das Veto des Messias gegen die Instrumentalisierung der Unwichtigen durch die Wichtigen.
Jesus ist kein Betroffenheitsartist, der seine Traurigkeiten feiert, sondern der Lehrer sehr nüchterner Praxis. Er rechnet mit der begrenzten Reichweite der menschlichen Sympathie und bindet sie an das Ich. Das Kriterium für das Urteil, wer als liebenswert gelten kann, wird dem Menschen entzogen, es bleibt im Vorbehalt Gottes: *Allen gab er Macht, seine Kinder zu werden.* Nicht die Zuneigungsgefühle werden angesprochen, sondern Einsicht und Hilfsbereitschaft, gemeinschaftliches Verhalten. Und gewiss ist nicht das Ausmaß der Zumutung und der Überforderung zu übersehen, das mit diesem Konzept verbunden ist. Denn auch die Fremden und Schwachen, die Nichtsnutzigen und Abstoßenden, zu denen kein Gefühl hinfindet, sind gemeint. Jesus überspringt die Werte der Nation, der Rasse und der Begabung zugunsten der Person, die jedes Individuum darstellt, sei es noch so böse, krank und behindert. Diese umfassende Aufmerksamkeit ist die eigentliche Liebesgabe, sie wärmt die Kälte der Weltverhältnisse, durchbricht die kosmische Gleichgültigkeit, die uns umgibt, und umfängt die Härte der Natur, aus der wir leben, mit der Hoffnung auf das Wunder des kostenlosen Lebens.

Für heute tausend Grüße, Sidonia.

Ratzinger tröstet

Der Text reflektiert eine wichtige Aussage aus dem „Schreiben der Glaubenskongregation an die Bischöfe über den Kommunionempfang von wiederverheirateten geschiedenen Gläubigen“ aus dem Jahre 1994. Kardinal Ratzinger, damals Präfekt der Kongregation, betont darin, dass die Teilnahme am Leben der Kirche „nicht allein auf die Frage des Kommunionempfangs reduziert werden darf“ (6). Es gebe weitere Möglichkeiten, mit der Kirche verbunden zu sein, etwa die geistliche Kommunion, das Gebet, die Betrachtung des Wortes Gottes oder die Werke der Nächstenliebe und der Gerechtigkeit. Der vorliegende Text stellt die Tradition der geistlichen Kommunion näher vor und zeigt, wie damit die Engführung auf die Frage des Sakramentenempfangs aufgebrochen werden kann. Gottes Anwesenheit und Nähe greifen weit über die sakramentale Praxis hinaus.

Neulich, liebe Sidonia, hast Du mir am Telefon von Deiner Cousine erzählt und mir ihre Not geschildert. 50 Jahre alt, geschieden, ein zweites Mal standesamtlich verheiratet, eine gläubige Frau. Die erste Ehe war ein arges Fegefeuer, die zweite ist nicht der Himmel, aber glücklich. In ihrer menschlichen Zufriedenheit ist sie bedrückt durch die Sanktion, die sie sich durch die zweite Heirat zugezogen hat: Sie ist von den Sakramenten ausgeschlossen. Das kann sie nicht verstehen, denn sie hat nach ihrer Überzeugung nicht leichtfertig gehandelt, sondern gewissenhaft nach dem besseren Weg in ihrem Leben gesucht. Ihr ist, als habe man sie vor die Tür gesetzt, und sie sei vom Kontakt mit der religiösen Welt abgeschnitten. Sie leidet darunter. Gefühle der Bitterkeit und der Depression machen ihr zu schaffen. Nun hat sie aufgehört, in die Kirche zu gehen. Du fragst mich, wie man ihr helfen kann.

Liebe Sidonia, ich schreibe einiges auf, was mir durch den Kopf geht, vielleicht ist es nützlich. Ich gehöre nicht zum kompetenten Leitungs-

personal der Kirche und kann daher keine realen Lösungen, sondern nur Gedanken zur faktischen Lage anbieten.
Also: Was bedeutet das kirchliche Verbot?
Zuerst sollte man beachten, wie es *nicht* gemeint ist. Es bedeutet nicht den rechtlichen Ausschluss aus der katholischen Kirche (Exkommunikation), nicht die praktische Verweigerung der religiösen Gemeinschaft, nicht die Unmöglichkeit, an gottesdienstlichen Feiern aller Art teilzunehmen, auch keine Unterbrechung des persönlichen Umganges mit Gott, als wäre auf einmal das Kabel durchgeschnitten.
Der Präfekt des päpstlichen Glaubensamtes, Kardinal Ratzinger, hat in dieser Sache einen Brief an alle katholischen Bischöfe geschrieben. Darin betont er, dass die kirchliche Weisung nicht als Strafaktion zu verstehen sei, auch nicht als Diskriminierung dieser Menschengruppe. Das Veto bringe vielmehr „eine objektive Situation zum Ausdruck, die als solche den Hinzutritt zur Heiligen Kommunion unmöglich macht". Außerdem gebe es noch einen anderen Grund: Ließe man solche Menschen zur Eucharistie zu, könnte dies bei den Gläubigen hinsichtlich der Lehre der Kirche über die Unauflöslichkeit der Ehe zu Irrtum und Verwirrung führen. Der Kardinal wiederholt in diesen Sätzen, was Papst Johannes Paul II. 1981 im Apostolischen Schreiben *Familiaris Consortio* (Die Gemeinschaft der Familie) festgelegt hat. Es handelt sich also um eine begrenzte Maßregelung, die den Empfang der kirchlichen Sakramente untersagt, vor allem Beichte und eucharistische Kommunion werden ausdrücklich genannt, aber es gilt auch für Firmung und Krankensalbung.
Ich diskutiere jetzt nicht die Frage, ob dieses rechtliche Vorgehen der Kirche religiös vertretbar und praktisch vernünftig ist. Deiner Cousine macht der Entzug der Kommunion zu schaffen, und mit diesem Problem befasse ich mich. Auch mir sind nicht wenige Personen bekannt, die dieser Einschränkung ausgesetzt sind und sich im spontanen Empfinden von Christus, von Gott getrennt fühlen. Sie meinen oft, das sei eine Überreaktion der kirchlichen Behörde, ein anmaßender Griff in die persönliche Verbindung mit Gott, eine Beraubung am kostbaren

Gut. Verständlich, dass ein aufrichtig und mündig im Glauben lebender Mensch solche Gedanken hat.
Kardinal Ratzinger, der befugte Sprecher des Vatikans, weist mit großem Nachdruck darauf hin, dass die Kirche diese Gruppe ihrer Gläubigen keineswegs kalt abschreiben will, als wären sie gottlos geworden, in das religiöse Niemandsland abgeschoben. Er spricht vom Willen der katholischen Seelsorger, „in fürsorglicher Liebe alles zu tun, was die Gläubigen, die sich in einer irregulären ehelichen Situation befinden, in der Liebe zu Christus und zur Kirche bestärken kann". Wäre dem Kirchenmann nur dieser Satz eingefallen, könnte man die Äußerung als eine beschwichtigende Floskel abtun. Man hat Erfahrung mit den Sprachspielen der Obrigkeiten aller Art, die sie für ihre Vorschriften veranstalten. Aber Ratzinger gibt einen sachlichen Grund für seine Behauptung an. Dieser ist ganz und gar religiöser Natur und ich meine, Deine Cousine wird etwas davon haben, wenn sie darüber nachdenkt. Der Ausschluss von der Kommunion, so der Kardinal, bedeutet nicht den Abbruch der Beziehung zu Jesus Christus. Diese bleibt bestehen. Das sagt er mit folgenden Worten: Es ist notwendig, „den betreffenden Gläubigen klarzumachen, dass ihre Teilnahme am Leben der Kirche nicht allein auf die Frage des Kommunionempfanges reduziert werden darf. Den Gläubigen muss geholfen werden, zu einem tieferen Verständnis vom Wert der Teilnahme am eucharistischen Opfer Christi, der geistlichen Kommunion, des Gebetes, der Betrachtung des Wortes Gottes, der Werke der Nächstenliebe und der Gerechtigkeit zu gelangen." Ratzinger erinnert mit diesem Hinweis an eine alte Tradition in der Kirche, an den Empfang der *geistlichen* Kommunion. Diese war und ist nicht nur eine gedankliche Überzeugung, sondern wirkliches religiöses Tun. Wie ist das zu verstehen? Der Übersicht halber schreibe ich Dir, liebe Sidonia, die Antwort etwas schulmeisterlich in einer Liste auf.
Die Sakramente der Kirche sind greifbare Zeichen des Kontaktes mit Gott, aber sie sind nicht die einzigen, sondern die hervorgehobenen, prägnanten Zeichen. Die sakramentale Gestalt ist der besondere, anschauliche Ausdruck der umfassenden Gegenwart Christi im Glauben, von der das Neue Testament spricht, zum Beispiel im Brief an die Ephe-

ser: „Durch den Glauben wohne Christus in eurem Herzen“ (3,17). Auch alle anderen Zeichen, wie sie der Kardinal aufzählt, haben ihren Sinn aus dieser zentralen Quelle. Es gibt in der Welt nichts, keinen Ort, kein Ding, kein Lebewesen, in dem nicht die Gegenwart Jesu Christi geglaubt und erfahren werden kann.

Der Mehrwert der sieben kirchlichen Sakramente besteht nicht darin, dass sie mehr Gott, mehr Christus, mehr Heiligen Geist bringen oder dass sie diese Gegenwart auf eine sichere Weise bewirken, sondern in der Stärke des Ausdrucks, den diese Zeichen bewirken. Die Wirklichkeit der Gegenwart (Realpräsenz) ist nicht nur in der Eucharistie, sondern in allen Sakramenten und Glaubenszeichen gegeben. „Den Sakramenten ist nicht ein Mehr an Gnade über die gnädige Gegenwart Gottes bei den Menschen hinaus, sondern eine Steigerung der personalen Kommunikation, ein höheres Maß an Greifbarkeit zuzuschreiben.“[1] Außerhalb der sieben Sakramente hat man nicht teil an der tragenden Gemeinschaftlichkeit und vitalen Deutlichkeit, mit der sie das Leben in die Sphäre Christi heben. Personen, denen es verwehrt ist, am Sonntag an der Kommunionbank zu kommunizieren, können dennoch in den von Ratzinger genannten Formen kommunizieren, die keineswegs für einen schwachen Ersatz gehalten werden dürfen. Denn auch in diesen Erfahrungsweisen begegnet der aufrichtig glaubende Christ dem ganzen, ungeteilten Christus.

Von Weitem sehe ich, liebe Sidonia, dass in Deiner Miene zweifelnde Zuckungen stattfinden. Die tröstliche Argumentation des Kardinals leuchtet Dir nicht durch und durch ein. Denn er sagt doch, die geschiedenen Wiederverheirateten seien von den Sakramenten ausgeschlossen, weil ihre Lebensverhältnisse objektiv dem Willen Christi widersprechen. Wenn das zutrifft, dann muss es doch überall und in jedem Fall gelten. Wie kann er dann den Rat geben, die Christusgegenwart auf dem Weg der geistlichen Kommunion zu betreten? Ist hier auf einmal der objektive Widerspruch verschwunden? Du stellst die Frage, was das Ganze soll. Der Jesus an der Kommunionbank steht objektiv

1 H. Vorgrimler, Sakrament, in: H. Vorgrimler, Neues Theologisches Wörterbuch, Freiburg 2000, 546.

gegen die ehelichen Missverhältnisse, der Jesus in der geistlichen Kommunion nicht. Es ist aber doch ein und derselbe Herr und Erlöser. Der soll sich laut Kardinal einmal so und einmal anders verhalten. Die Maßnahme des Ausschlusses scheint nichts zu bedeuten, oder die genannten Verhältnisse können so schlimm nicht sein.
Wie ich Dich kenne, wirst Du Deine Vermutung weitertreiben. Wahrscheinlich, sagst Du, liegt ein Fall von Klerikalismus vor, ein ziemlich massiver. Die gesetzgebende Geistlichkeit nimmt Christus in den Dienst ihrer Interessen, teilt ihn auf in den ausschließenden und den einschließenden Heiland und zwängt sich selbst dazwischen, um auf jeden Fall Recht zu haben. Deine Cousine, meinst Du, könnte das sehr bequem unterlaufen, wenn sie aufsteht und erklärt: Nun gut, ich akzeptiere die Lage und das Arrangement, enthalte mich der Sakramente und begnüge mich mit dem, was mir bleibt, der geistlichen Gemeinschaft mit Jesus Christus. Das macht es mir leicht, auf das Plus zu verzichten, das mir die Sakramente bieten, ich gehe eben nicht zur Kommunion. Denn der Sache nach erleide ich keinen Verlust. Christus ist bei mir, in meiner irregulären Lage, seine Gegenwart bestätigt mich sogar, sonst würde sie mir nicht geschenkt. Auch auf diesem Weg finde ich greifbare Zeichen des Glaubens, reale Symbole der Gnade, mit denen ich leben, mich Gott hinhalten und berührt werden kann. Der Papst und sein Kardinal sagen es mir ja eindringlich vor. So lebe ich getrost im christlichen Glauben und fühle mich geborgen in der Gegenwart Christi. Mein Lebensgefühl ist von allem Bedauern befreit. Nur die Kommunionbank ist mir verwehrt, die auch im offiziellen Wertungsverhalten der Kirche so hoch nicht steht. Die römisch-katholischen Christinnen und Christen, die das kirchliche Rechtsbuch (*Codex Iuris Canonici*) anspricht, werden im Canon 920 verpflichtet, wenigstens ein einziges Mal im Jahr zur Osterzeit die Kommunion zu empfangen. Ich bin froh, dass mir der tröstende Kardinal endlich klargemacht hat, wie viele Quellen des religiösen Lebens es gibt. Ich bin nicht ausschließlich auf den kirchlichen Gnadenapparat angewiesen.
Sidonia, so könnte Deine Cousine reden, und sie hört sich fromm an, trotz aller kirchendistanzierenden Töne. Ich will mir jetzt nicht Ge-

danken darüber machen, was der Kardinal darauf antworten wollte, sondern hole einige meiner Impressionen zu dieser Sache hervor.
Zum Beispiel die Erinnerung an meine lang zurückliegende Kaplanszeit in Wels. Damals wurden noch Versehgänge gemacht, zu allen Tages- und Nachtstunden. So war ich einmal im tiefen, nebelhaften November unterwegs, nachts um halb zwei, auf dem Fahrrad, um einer sterbenden Frau das Sakrament zu bringen. Was tust du da, sagte ich plötzlich in den Nebel hinein: In der schönen Tasche trägst du Jesus auf der Brust, die konsekrierte Hostie, transportierst ihn hin, als ob er noch nicht dort wäre. Aber er ist gewiss längst dort, im Leben, im Herzen dieser glaubenden Christin. Das hast du doch immer wieder in der Bibel gelesen. Also ist es ganz überflüssig, was du jetzt anstellst mit deinem Fahrrad im kalten Nebel, eine naive Strampelei. Das kannst du dir allenfalls auf deinen guten Willen anrechnen lassen, vernünftig ist es nicht. Ja, sage ich laut zu mir selber, überflüssig, wenn ich einen örtlichen Jesustransport veranstalte, wie ich einen Laib Brot vom Bäcker nach Hause trage, den ich dort abhole, wo er gerade ist, um ihn dorthin zu bringen, wo er noch nicht ist. Nein, sage ich, und ich sage es lauter, nicht überflüssig für die Frau, weil sie die Wegzehrung leibhaftig im Mund haben will, damit die Christusgegenwart Gestalt annimmt im kleinen Brotstück, damit die Leiblichkeit der Gnade erscheint. Nicht überflüssig für mich, weil ich die Bewegung mache, aus dem Bett krieche und fahre. *Ich bin der Weg*, sagt Jesus im Johannesevangelium, das geschieht jetzt, in dieser Novembernacht, in der flüchtigen Stunde der Zeit. Nicht überflüssig für uns beide, denn so ist Jesus bei uns, weil wir zwei sind in seinem Namen, wartend und fahrend, bewegt, lebend und sterbend. Wir haben es mit dem einzigen Jesus zu tun, der seine geistliche Gegenwart im Glauben immer wieder in die leiblichen Zeichen eingehen lässt.
In der Geschichte der Religionen geistert ein alter Traum. Gott herstellen, das Heilige in die Hand bekommen, Jesus machen. Wie ein Lichtschalter soll das religiöse Können funktionieren. Man drückt hin mit dem Daumen und der Strom fließt in die Birne, sie leuchtet und kann gar nicht anders, es muss so geschehen. In meiner Studienzeit bin ich eines Tages auf ein frommes Priesterbuch gestoßen, in dem mir diese

handwerkliche, befehlshaberische Produktion des Sakramentes lebhaft, als großes Privileg des geweihten Geistlichen vor Augen gestellt wurde: „Moses Macht war groß, ein Wort aus seinem Mund teilte die Wogen des Roten Meeres. Josuas Wort gebot sogar der Sonne. Doch waren es nur einzelne Fälle, in denen diese großen Männer wunderbare Gewalt über die Natur besaßen. Aber der Priester hat sie über das leblose Geschöpf und über den Schöpfer selbst, und zwar dann, wenn er will. Ein Wort aus seinem Mund zwingt den Schöpfer des Weltalls und des Himmels auf die Erde herab, entkleidet ihn seiner Größe und verbirgt ihn unter die Gestalt des Brotes. Dabei ist das nur die geringste Wirkung seines Machtwortes, dass er die Kreatur bezwingt, indem er das Wesen des Brotes vernichtet und seine Gestalten erhält. Aber wie groß ist diese Macht schon in sich? Sie kann niemand ausüben als die Schöpfermacht Gottes allein. Aber zu dieser an sich schon so großen Wunderkraft kommt die noch größere, dass der Priester sein Machtwort sogar an dem größten und erhabensten Geschöpf erproben darf, an dem Menschensohn, und zwar gerade so wie am Brote, nur in umgekehrter Weise."[2]

Ich vermute auch, dass die Aufregung um das Sakramentsverbot hüben wie drüben, beim vorschreibenden Klerus wie bei den betroffenen Eheleuten, oft von der unausgesprochenen Meinung herrührt, nur in Brot und Wein sei Christus wirklich, vollständig und verlässlich gegenwärtig, während er in allen anderen Zeichen höchstens annäherungsweise da sei, in einer dünneren Form gewissermaßen. Funktioniert die christliche Religion wirklich auf diese Weise? Ich bin der Überzeugung, dass es eine grobe Verdrehung wäre, die Zuwendung Gottes in derart mechanischer Form aufzufassen. Und zähle die Gründe dafür auf.

Das christliche Sakrament kommt weder durch eine physikalische Wirkung noch durch einen Befehl zustande, sondern allein, weil Gott die *Bitte* um seine Gegenwart, um die Gegenwart des Christus und des Heiligen Geistes erhört. Du wirst Dich erinnern, dass ich

---

2 K. Haggeney, Im Heerbann des Priesterkönigs. Der wahre Melchisedech. Band 2, Freiburg 1916, 35.

dazu schon in einem früheren Brief einiges geschrieben habe (vgl. Brief Nr. 3,3–6). Wir haben es mit Gebeten im Namen Jesu zu tun, die als erfahrbare Zeichen geschehen. Die Gegenwart Gottes ist keine klerikale Angelegenheit, denn die Priester sind nicht die handwerklichen Fachkräfte, die sie allein herstellen oder irgendetwas erzwingen können, sondern die bestellten Vor-Beter inmitten der Gemeinde. Es gibt diese Rolle nur, weil Gott allem zuvorkommt, weil er längst da ist, ehe der Papst auftritt und der Pfarrer aus der Sakristei an den Altar geht.

Die Sakramente sind keine Dosierungsmengen der Gnade, die nach bestimmten Graden vermessen werden. Diese Vorstellung gibt es, aber ihre Häufigkeit ist kein Beleg für ihre Wahrheit. Noch einmal: Wir haben es nicht mit Mechanismen zu tun, die irgendwie zwingend auf Gott wirken, um ihn näher herbeizubringen. Weder eine räumliche Bewegung noch eine psychologische Motivation ist nötig oder möglich, um seine Anwesenheit zu beschaffen. Gott ist von sich aus da. Angewendet auf die Lage Deiner Cousine heißt das: Sie verliert durch das Verbot, die Sakramente zu empfangen, etwas von dieser Greifbarkeit und Kommunikation, aber nichts von der Gegenwart Gottes selbst, wann immer sie sich sonst für seine Nähe öffnet.

Die Ausschließlichkeit, mit der sich das Interesse christlicher Gemeinden der Eucharistie zuwendet, hat vielleicht zu tun mit der Gestalt dieses Sakramentes, dass es verzehrbare Nahrungsmittel sind, die gereicht werden. Ist die Essbarkeit nicht seit eh und je einer der deutlichsten Indikatoren für das, was wir als wirklich ansehen? Wann stimmt unser leibliches Gefühl am liebsten zu, wann ist es dicht dabei, wann vergibt es am schnellsten das Prädikat *wirklich?* Nicht doch bei dem Vorgang der Einverleibung, leichter jedenfalls als bei einer Salbung oder Handauflegung? Das Öl der Krankensalbung hat es vor den menschlichen Sinnen schwerer als die Hostie und der Kelch und erst recht eine nicht sakramentale Meditation der Heiligen Schrift oder das stille Gebet vor einem Bildstock. Sidonia, sprich einmal mit Deiner Cousine über diese Dinge. Vielleicht hilft es ihr, ihren Ärger umzuwandeln in die Suche nach den vielen in der Schöpfung Gottes verstreuten Möglichkeiten, seine Gegenwart zu spüren, die Rätselzeichen seiner Anwesenheit zu

lesen. Das wäre wohl fruchtbarer als ein Abdriften in Dauerverbitterung oder gar in die Alternative der Gleichgültigkeit.
In unserem religiösen Fühlen, in dem, was wir spontan denken, wenn wir *Gott* sagen, spielt der räumliche und zeitliche Abstand immer eine große Rolle, und meistens eine verwirrende. Das habe ich schon angedeutet. Die Vorstellung sagt primitive Sätze: *Gott – das ist ein geheimnisvolles Etwas da drüben in der Kirche.* Oder: *Christus – der war einmal, damals in der Zeit des Herodes. Am Sonntag begeben wir uns zu Gott in sein Haus. Der Heilige Geist hat seinen Termin zu Pfingsten.* In der Bibel ist daher die Einübung im Glauben immer verbunden mit der Einübung in ein Verständnis seiner Gegenwart, das der Göttlichkeit entspricht. Paulus spricht davon in seiner Rede auf dem Areopag in Athen. Gott, sagt der Apostel, wohnt nicht in Tempeln, die von Menschenhand gemacht sind. „Keinem von uns ist er fern. Denn in ihm leben wir, bewegen wir uns und sind wir" (Apg 17,24.27–28). Die Gotteshäuser sind keine Gefäße Gottes, sondern Denkmäler seiner Gegenwart, sie sind in der Gegenwart Gottes errichtet, nicht um ihn herum. Denn es gibt nichts, was um die göttliche Wirklichkeit herumgebaut werden könnte, auch der Petersdom ist dafür ungeeignet. Gott ist das allumfassende Da, nicht irgendwo irgendwann, sondern hier, jetzt, im unmittelbaren Augenblick. Ich muss mich keinen Zentimeter bewegen, um bei ihm zu sein, nicht zurückdenken, nicht vorwärtsphantasieren, sondern jetzt meine Seele öffnen für dieses Anwesen. Plötzlich ist sie erfüllt von aufregender Leichtigkeit, alles Geschiebe und Geräume ist eingeschmolzen im Blitz der Gegenwart. Vielleicht, liebe Sidonia, kannst Du einmal mit Deiner Cousine den Psalm 139 meditieren. Das ist ein überaus hilfreiches Gegenwartsgebet.
Die unvergessliche Wirkung Jesu auf die Menschen seiner Zeit ist von diesem Brennpunkt aus zu verstehen. Die Leute haben gespürt, dass er nicht auf irgendein Gottwesen hinzeigt, hinüber oder hinauf, als ob sie ihren Kopf drehen müssten, um die passende Richtung zu finden, sondern dass er selbst im Augenblick aus der unmittelbaren Gegenwart Gottes lebt, redet und handelt. Man kann das am besten mit einem Tätigkeitswort ausdrücken: Sie sahen, dass Jesus *gottet.* Das hat er in seinem zeitlichen, leiblichen Leben mitgeteilt, davon hat es in ihm ge-

brannt. Das stiftet er der Gottesgegenwart ein, sodass nun alles, was an Nähe und Dasein geschieht zwischen Himmel und Erde, mit dem Jesus-Namen zu tun hat. Dafür stehen Sätze wie Joh 14,20: „Ich bin in meinem Vater, ihr seid in mir und ich bin in euch." Oder Mt 18,20: „Wo zwei oder drei in meinem Namen versammelt sind, da bin ich mitten unter ihnen." Jesus verschwindet in seinem Tod nicht in die Vergangenheit, in ein weit abgelegenes Gewesensein. Seine Himmelfahrt sagt in der Sprache des Symbols: Er geht mit Namen und Gesicht, Seele und Leib in die umfassende Gegenwart Gottes ein. Seine leibhafte historische Anwesenheit verschwindet, aber seine Gegenwart ereignet sich in den Zeichen, die wir die Sakramente nennen. Man kann das eine Art Übersetzung nennen, in der die zeitliche und vorläufige Form übertragen wird in eine Sprache, die Gegenwart ansagt und in die Zukunft deutet.

Diesen Schritt schreibt das Neue Testament dem Heiligen Geist zu. Daher spricht die Theologie, die gern fremde Fachausdrücke verwendet, von der *pneumatischen* Gegenwart. Was heißt das? Noch einmal ist zu betonen: Es handelt sich nicht um eine dritte Sorte, die von den anderen Arten der Gegenwart getrennt wäre, sondern um ein und dieselbe, nur in einer anderen Form: die geistliche Gegenwart. Der Heilige Geist ist das Verbindende in Gott, das Band der Liebe und des Austausches. Dieses Tun wendet sich auch nach außen in die geschaffene Welt und teilt mit, macht zugänglich, verständlich, bewegt das Leben vom innersten Punkt aus. In diesem Geist ist Jesus da, und in Geist und Jesus der Vater. Das meint Paulus mit den Worten: „Die Liebe Gottes ist ausgegossen in unsere Herzen durch den Heiligen Geist, der uns gegeben ist" (Röm 5,5). Eine größere Nähe ist nicht denkbar, auch kein weiterer Horizont.

Ich habe diesen Abstecher gemacht, um noch einmal auf Ratzinger zu kommen. Als junger Professor hat er in einer kleinen Schrift die sakramentale Anwesenheit Christi in der Kirche berührt.[3] Er stellt die Frage, was denn der Mensch eigentlich tut, der den Gottesdienst in der

---

3 Vgl. J. Ratzinger, Die sakramentale Begründung christlicher Existenz, Meitingen/Freising [2]1967.

Kirche, die Sakramente Jesu Christi feiert. Seine Antwort, zuerst negativ: „Er gibt sich nicht der naiven Vorstellung hin, Gott, der Allgegenwärtige, würde nur an dieser bestimmten Raumstelle wohnen, die durch den Tabernakel in der Kirche bezeichnet ist ... Aussagen wie ‚Hier wohnt Gott' und das auf solche Weise begründete Gespräch mit dem lokal gedachten Gott drücken eine Verkennung des christologischen Geheimnisses wie des Gottesbegriffes aus, die den denkenden und um die Allgegenwart Gottes wissenden Menschen notwendig abstößt."[4] Man kann hinzufügen: Die örtliche Einzäunung Gottes erzeugt zwielichtige Gefühle. Man ist vielleicht ganz froh, ihn an bestimmten Aufenthalten weggesperrt zu wissen, dass er nicht überall dabei sein kann, wo man nun einmal gern allein sein möchte, ganz und gar allein. Aber es kann auch Angst entstehen vor den gottlosen Zwischenräumen, in den dunklen Lebenszeiten, vor den Abständen zu ihm hin. Oder vor der Möglichkeit, dass menschliche Autoritäten danach greifen und damit ihre Macht ausüben. Im christlichen Glauben lebt die Überzeugung, dass die Freiheit Gottes sich solchen Eingrenzungen entzieht. Die positive Antwort Ratzingers lautet: Der Christ feiert die Sakramente, „weil er weiß, dass er als Mensch nur auf menschliche Weise Gott begegnen kann; auf menschliche Weise heißt aber: in der Form der Mitmenschlichkeit, der Leibhaftigkeit, der Geschichtlichkeit". Das ist der Grund für das sonntägliche Miteinander in der Kirche, für die Gemeinschaftlichkeit bei anderen Anlässen. Der Kardinal hat in seinem Brief an die Bischöfe klar gesagt, dass diese *menschliche Weise* nicht nur die kirchlichen Sakramente umfasst, sondern viele andere Formen, die ich jetzt nicht mehr aufzähle. Das könnte doch auf Deine Cousine wie ein Trost wirken, denn Ratzinger relativiert die Kirche, die er an hoher Stelle vertritt, auf den größeren Horizont der Gegenwart Christi hin, der nicht von den Mauern der Gotteshäuser begrenzt wird. Könnte das nicht stärker sein als aller Ärger über die kirchliche Maßregelung? Du hast offensichtlich einen guten Draht zu Deiner Verwandten. Vielleicht machst Du einmal eine Fußwallfahrt

4 J. Ratzinger, Die sakramentale Begründung christlicher Existenz, Meitingen/Freising [2]1967, 26.

mit ihr auf den Sonntagberg oder nach Maria Kirchenthal und erzählst ihr ein wenig von dem, was ich da zusammengeschrieben habe. Das ist gewiss ein uraltes Mittel: Gehen, reden, beten, denken. Aber es ist längst nicht verbraucht. Leb wohl.

Postscriptum

Mir scheint, es ist auch an der Zeit, ausführlich darüber nachzudenken, wie es um die Behandlung der christlichen Eheleute durch die kirchliche Autorität steht. Das wäre freilich eine lange Geschichte. Man könnte in Erfahrung bringen, warum es heute schwierig geworden ist, auf Verlautbarungen des Lehramtes zu hören, warum viele abwinken oder erst gar nicht reagieren. Liegt das wirklich nur an der weltlich gewordenen Gesinnung der Familien, am mangelnden Willen, sich durch die zuständigen Lehrer des Glaubens führen zu lassen? Der Autoritätsverlust kommt nicht allein von unten, sondern wird oft genug verursacht vom Verhalten der Autoritätsträger. Die Ehe steht in der Tradition seit eh und je unter dem Druck einer Überversorgung mit Vorschriften und Reglementierungen. Die Kompetenz zur geistlichen Weisung liegt allein beim zölibatären Klerus, ein sorgfältig gepflegtes Monopol. Der Stand der verheirateten Christinnen und Christen muss es sich dazu gefallen lassen, in die tiefer stehende Klasse der gewöhnlichen Gläubigen verwiesen zu werden, während die Vollkommenheit den Ordensleuten und Weltgeistlichen zugesprochen wird. Es ist neuerdings viel die Rede von Mündigkeit und Dialog in der Kirche. Das ist zu begrüßen, wird aber nur dann einen anderen Ton im innerkirchlichen Gespräch bedeuten, wenn man hüben und drüben dem Gesetz der Gegenseitigkeit gehorcht. Das heißt konkret: Die Eheleute haben nicht nur zu hören, sie haben auch etwas zu sagen, und dem Klerus, der seine Fehlbarkeit täglich im Internet nachlesen kann, steht es gut an, nicht nur den Weisungsmund, sondern auch das Gehör zu benützen.

Wege des Lebens
Zu den letzten Dingen des Menschen

Der Text bietet eine Kurzfassung der christlichen Eschatologie, deren Hoffnungspotential nicht allein auf die Vollendung hin reduziert werden darf. Die Überlegungen gehen auf einen Vortrag vor Pflegebediensteten in Krankenhäusern zurück, die in ihrem beruflichen Alltag häufig mit Leid und Tod konfrontiert sind.

1. Der gute Gott, den wir im Glaubensbekenntnis ansprechen, mutet uns allerhand zu: Die zeitliche Dauer des Lebens ist so bemessen, dass deren stärkster Eindruck die Flüchtigkeit zu sein scheint. Dazu kommt die Unübersichtlichkeit, denn die halbwegs klaren Blicke, die im Licht der Welt möglich sind, zerbrechen an den Grenzen, die der Anfang und das Ende setzen. Ungefragt komme ich her, unwillig muss ich gehen. Was dazwischen möglich ist, hängt von vielen Faktoren ab, die sich meistens der souveränen Steuerung entziehen. Die Stimmungen, die Daseinsgefühle, die sich in dieser Lage entwickeln, sind deshalb auch sehr verschiedener Art und schwer auf einen Nenner zu bringen. Ich versuche, die prägnantesten Formen wenigstens zu nennen.

Die entschiedene Absage an das Leben hat die griechische Kultur des klassischen Altertums produziert. „Nicht geboren zu sein / das geht über alles, doch wenn du lebst, / ist das zweite, so schnell du kannst, / hinzugelangen, woher du kamest“ (Sophokles, Ödipus auf Kolonos). Das ist kein vereinzelter Vers, sondern der Ausdruck einer breit gestreuten Stimmung, die auch in der biblischen Tradition bezeugt ist, zum Beispiel im Buch Ijob: „Ausgelöscht sei der Tag, an dem ich geboren bin, die Nacht, die sprach: ein Mann ist empfangen. Jener Tag werde Finsternis, nie frage Gott von oben nach ihm …“ (3,3–4), oder bei Jeremia: „Verflucht der Tag, an dem ich geboren wurde; der Tag, an dem meine Mutter mich gebar, sei nicht gesegnet“ (20,14). Der schnelle Abschied aus der Welt, in die man versetzt wurde, wird gepredigt von den verschiedenen Kampf- und Märtyrer-Theologien, nahegelegt von gnostischer Spiritualität und seit jeher praktiziert von Menschen, die in die Falle der Depression geraten sind. In die ganz andere Richtung spricht der Aphorismus des Kohelet: „Ein lebender Hund ist besser als ein toter Löwe" (9,6). Das spricht dafür, dass man gern existiert und bereit ist, den Aufenthalt in der Welt zu verlängern, mit immer effizienteren Mitteln, vielleicht auch mit allen Mitteln. Zu allen Zeiten breitet sich die selbstverständliche Mentalität aus, diffus und gering akzentuiert. Sie fragt nicht und klagt wenig, begnügt sich mit dem möglichen Vergnügen und versucht, sich mit den Widrigkeiten des Lebens zu arrangieren. Soll kommen, was kommen mag, man ist so und so dem Schicksal ausgeliefert. Da man nichts Gewisses weiß über die Existenz einer anderen Welt, ist es Zeitverschwendung, über eine Zukunft nach dem Tod zu grübeln. Wie Horaz es schon in der Antike vorgeschlagen hat: „Neidisch entflieht, während wir sprechen, die Zeit, schenke dem kommenden Tag kein Vertrauen, koste den Augenblick" („dum loquimur, fugerit invida aetas: carpe diem quam minimum credula postero").[1] Das christliche Daseinsverhalten ist geprägt sowohl von der Zustimmung zur geschaffenen Welt wie von der Hoffnung auf eine Zukunft, die alles überbietet, was diese Welt leisten kann. Dem entspricht ein Leben in der Vorläufigkeit, das die Existenz in der Gegenwart dieser Welt als ein Versprechen annimmt. Gott hat es gegeben und Gott wird es erfüllen. Daher schreibt Paulus an die Thessaloniker: „Es zieht mich nach beiden Seiten: Ich sehne mich danach, aufzubrechen und bei Christus zu sein – um wie viel besser wäre das! Aber euretwegen ist es notwendiger, dass ich am Leben bleibe. Im Vertrauen darauf weiß ich, dass ich bleiben und bei euch allen ausharren werde, um euch im Glauben zu fördern und zu erfreuen …"

2. Derselbe Paulus schreibt in seinen Briefen drei Sätze, die für unser Empfinden erstaunlich, vielleicht sogar schockierend sein mögen, aber die christliche Haltung zu den letzten Dingen in konsequenter Klarheit beschreiben:

---

1 Horaz, Hor. carm. 1,11.

Röm 8,18: „Ich bin überzeugt, dass die Leiden der gegenwärtigen Zeit nichts bedeuten im Vergleich zu der Herrlichkeit, die an uns offenbar werden soll."
1 Kor 2: „Nein, wir verkündigen, wie es in der Schrift heißt, was kein Auge gesehen und kein Ohr gehört hat, was keinem Menschen in den Sinn gekommen ist: das Große, das Gott denen bereitet hat, die ihn lieben."
2 Kor 4,17: „Denn die kleine Last unserer gegenwärtigen Not schafft uns in maßlosem Übermaß ein ewiges Gewicht an Herrlichkeit …"
Was ist der Inhalt dieser Sätze?
Das Verhältnis des hiesigen Lebens zum kommenden ist ein Verhältnis in der steigenden Bewegung des Lebens, nicht vom Etwas zum Nichts, nicht vom jemand zum niemand, nicht vom Plus zum Minus.
Möglich ist das durch das Entgegenkommen Gottes, nicht durch die Aufbruchsleistung des Menschen, der in der Lage wäre, die Region des Seins zu erobern.
Es ist ein Verhältnis der Maßlosigkeit, denn der Mehrwert, das Plus, das der Mensch darin gewinnt, wiegt alle weltliche Negativität auf. Das gilt auch für die positive Entsprechung von Freude zu Freude. Paulus sagt: Miss nicht das kommende Leben an den hiesigen Erlebnissen, denn es gilt das Maß der Überbietung. Das Kommende kann nicht weniger sein, wenn es Leben sein soll.
Daher ist das Verhältnis zum künftigen Leben auf Überraschung gebaut, nicht auf dem Kalkül, in dem schon jetzt der existenzielle Gewinn an Lebensmacht und Lebensfreude vorausbemessen werden könnte.
Der Zustand, in den der Mensch aufgenommen wird, ist nicht die Zufriedenheit, sondern der Exzess der Seligkeit. Die Sprache dieser Hoffnung sammelt Bilder des Überschwangs: Hochzeit, Musik, Gesang, Zuruf, Aug in Aug, Rausch der Liebe, alles in allem: überschießende Festlichkeit. Gott selbst strömt in den Menschen, jetzt schon, vorläufig auf den explosiven Ausbruch der vollkommenen Gegenwart hin.
Die Front, gegen die diese Hoffnungsworte gesprochen sind, bilden die feindlichen Elemente, die zur Welterfahrung des Menschen gehören – Paulus nennt sie die Leiden dieser Zeit. Über allem kann das Haupt-

wort *Angst* stehen. Alle banalen und hoch dramatischen Formen dieses menschlichen Urgefühls sind damit gemeint. Das ist uns allen so gut bekannt, dass ich die einzelnen Formen nicht aufzuzählen brauche. Die Christen der ersten Zeit waren jedenfalls, das kommt einem aus jeder Seite des Neuen Testamentes entgegen, inmitten ihrer Welt überzeugt, dass alle Mächte der Unheimlichkeit einer lichten Gegenwart unterworfen sind, dass die Kälte des Universums überboten ist durch die Wärme, die vom Christus-Gesicht ausgeht (Offb 1), dass die Flüchtigkeit der Lebenszeit aufgefangen ist von dem ewigen Willen Gottes, Dauer zu geben, nichts in der Vergeblichkeit verschwinden zu lassen.

3. Nun könnte eben an dieser positiven, superlativen Sprache der Verdacht wachsen, dass diese Zukunft allzu schnell und überstürzt kommt, sich gewissermaßen im Kopfsprung über alles hinwegsetzt, über die ganze wild durchwachsene Summe der Jahre. Vielleicht beginnt sich etwas in mir dagegen zu wehren, dass mir der Weg und die Wegekosten meines Lebens entwendet werden, leichtsinnig, naiv oder zynisch, als hätte nicht stattgefunden, was im Operationssaal und an anderen Plätzen der Passion passiert ist. Wir sind froh, wenn die Schmerzen nachlassen, am besten überhaupt aufhören, wir hängen ihnen nicht nach, aber es soll auch nicht vergessen sein, dass es unsere Schmerzen waren. Die Sprache der biblischen Bilder antwortet dieser Befürchtung. Jesus hat die Instrumente seiner Hinrichtung nicht weggeworfen und die Wunden nicht unsichtbar gemacht. Das Kreuz sagt die Wahrheit dieses Lebens, es ist der Gestalt des Messias eingeschrieben. Es ist, wie es im Kreuzlied heißt, das Denkmal seiner Leiden, aber nicht nur seiner persönlichen, sondern aller anderen Leidensgeschichten auf der Erde. In diesem Zeichen ist niemand vergessen und nichts bagatellisiert. Andererseits ist nicht zu übersehen, dass die Allgegenwart der Kreuzfigur, die brutale Anschaulichkeit, in der sie den gewaltsamen Tod vor Augen stellt, viele Menschen ärgert und abstößt, nicht erst heute in den postmodernen Erlebnisgesellschaften. Ich nenne nur zwei Namen: Nietzsche („wo der schlimmste aller Bäume wuchs, das Kreuz – an dem Lande ist nichts zu loben“) und Goethe („Hieraus machen wir kein Geheimnis; aber wir ziehen einen Schleier über diese Lei-

den, eben weil wir sie so hoch verehren. Wir halten es für eine verdammungswürdige Frechheit, jenes Martergerüst und den daran leidenden Heiligen, dem Anblick der Sonne auszusetzen, die ihr Angesicht verbarg, als eine ruchlose Welt ihr dieses Schauspiel aufdrang, mit diesen tiefen Geheimnissen, in welchen die göttliche Tiefe des Leidens verborgen liegt, zu spielen, zu tändeln, zu verzieren und nicht eher zu ruhen, bis das Würdigste gemein und abgeschmackt erscheint.") Wir wissen aus der Geschichte der christlichen Religion, dass in manchen ihrer Varianten der Schmerz einen schier absoluten Stellenwert erhalten hat. Als sei er die Münze, mit der man an der Zollschranke der Ewigkeit am rentabelsten bezahlen kann. Darum müssen alle Schmerzpflichten erfüllt werden, wenn man Gott gefallen will. Ich rede jetzt nicht von der biologischen Funktion des Schmerzes, sondern von dessen religiöser Wertung. Das Kreuz begründet einen Schmerzkult dieser Art nicht, auch keine Schmerzensrechnung, nach der für so viel Blut so viel Glück geliefert würde. Für das Evangelium ist der Schmerz kein wesentliches Element des Lebens, darum bleibt er nicht in der künftigen Welt und die Leistung bestimmter Schmerzquanten ist kein Kriterium des wahren Christentums. Das Kreuz Jesu bedeutet also nicht, dass er den Schmerz ewig gemacht, ihn auch noch in den Himmel geschleppt hat. Es ist ein Wegzeichen, nicht die Zielsäule.

4. Heute noch, sagt Jesus zum mitgekreuzigten Räuber auf Golgatha, wirst du mit mir im Paradies sein (vgl. Lk 23,43). Mit diesem Tod also ist zugleich der fertige Himmel gegeben, die unüberholbare Endgültigkeit des seligen Lebens. Gegen dieses Tempo der Vollendung steht der Glaube an die Reinkarnation, gegen die Schnelligkeit der langsame Gang, gegen den kürzesten Weg werden die verschlungenen Umwege vorgezogen. Reinkarnation also, in der herkömmlichen Redeweise Seelenwanderung, die Vorstellung, dass die Seele eines Lebewesens nach dem Tod mit dem Körper eines anderen Lebewesens verbunden wird, um in diesem eine weitere, aber befristete Existenz zu haben. Der Geburtenkreislauf richtet sich in seinem Verlauf nach dem Komplex der Faktoren (Karma), der sich in den Lebensphasen ansammelt. Das in den asiatischen Religionen (Hinduismus, Buddhismus) entwickelte

Konzept weist dem Kreislauf der Geburten einen negativen Charakter zu, der sich eher mit dem christlichen Gedanken der Verdammnis (Hölle, Purgatorium) als mit dem Himmel vergleichen lässt. Erst der moderne europäische Transfer des Reinkarnationsglaubens hat daraus eine positive und wünschenswerte Existenzform gemacht: die Chance immer neuen Erlebens, der Arbeit an der persönlichen Reife und Besserung, die Befreiung vom Druck der knappen Zeit. Die christliche Kirche ist schon in der Antike auf deutliche Distanz zu dieser Lehre gegangen (Origenes, Justin, Tertullian), weil die biblische Tradition nirgendwo ein greifbares Interesse daran zeigt. Die Reinkarnation wird abgelehnt, weil sie dem Geschehen der einen und einzigartigen Auferstehung des Fleisches entgegensteht. Sie widerspricht der Überzeugung „von der Einmaligkeit des menschlichen Lebens und der definitiven Gültigkeit seiner Entscheidungen, von der unvertauschbaren Identität des Individuums und von der Rettung durch Gottes Erbarmen, nicht durch menschliche Bußleistung …" (Herbert Vorgrimler). Damit ist nicht gesagt, dass im christlichen Glauben die Anliegen, die in der Reinkarnationslehre enthalten sind, nicht wahrgenommen werden können. Auch der Christ weiß, oder sollte es deutlich wissen, dass der irdische Mensch zu klein und häufig zu müde ist für das Dortsein mit Gott. Er ist mit seinem Fassungsvermögen Gott nicht gewachsen. Daher muss der Hubraum der Seele vergrößert werden. Die Auferstehung ist deshalb in der christlichen Tradition nie als bloße Fortsetzung des hiesigen Lebens verstanden worden, sondern als gewaltige Steigerung. In der biblischen Sprache steht dafür das Wort *neu*. „Wenn also jemand in Christus ist, dann ist er eine neue Schöpfung: Das Alte ist vergangen, Neues ist geworden" (2 Kor 5,17). Die Begegnung mit Gott öffnet den Menschen, erschließt ihm neue Dimensionen der Existenz und reinigt ihn zugleich. Das Gericht Gottes und die darin geschehende Läuterung sind der christliche „Weg". Es ist eine vergebliche Mühe, diesen Weg zeitlich zu messen, entscheidend ist, dass allen, die auf dem Weg sind, die Einübung in das Kommende bevorsteht. Besser als alle Spekulationen über eine mögliche Reise durch die Stationen der Reinkarnation ist für den Christen das schlichte Gebet: Mache meine Seele groß genug für das Ewige.

5. Es gehört zu den alten Überzeugungen in der christlichen Glaubensgemeinde, dass die Auferstehung ein Geschehen der Wahrheit ist: Im Gegenüber zu Gott wird klar, wer ich bin, wie ich meine irdische Zeit genützt habe, was die Welt bedeutet, wie viel unverschuldete Leiden zu heilen, wie viel Bosheit zu überwinden ist, was die Gestalt des Kosmos sein wird: insgesamt ein neuer Blitz der Offenbarung. Der heilende und der wahr machende Gott wird dem Menschen in diesem Übergang begegnen: „Und er, Gott, wird bei ihnen sein. Er wird alle Tränen von ihren Augen abwischen: der Tod wird nicht mehr sein, keine Trauer, keine Klage, keine Mühsal …" (Offb 21,3–4).

An diesem Punkt ist es in der christlichen Tradition zu einer Gabelung der Wege gekommen, die bis in die Gegenwart hereinreicht. Nach der einen Auffassung, für die Namen wie Cyprian von Carthago, Augustinus, Johannes Chrysostomus stehen, begegnet Gott der menschlichen Geschichte als der souverän die Gerechten von den Ungerechten scheidende Richter. Er fällt sowohl Urteile der Barmherzigkeit wie Urteile der Verdammnis und exekutiert beide Formen mit ewiger Wirkung. Der Ausgang der Geschichte wird sehr pessimistisch gesehen, denn in der ewigen Hölle werden viel mehr Menschen landen als im Himmel Gottes. In der anderen Richtung der Lehre, vertreten von Theologen wie Clemens von Alexandrien, Origenes oder Gregor von Nyssa, erscheint Gott am Ende der Zeit als der versöhnende und heilende Schöpfer der neuen Welt. Er wird allem Unrecht und Bösen in seinem Gericht widerstehen, aber dieser strafende Widerstand wird heilend sein und schließlich alle Geschöpfe, auch den Satan, zur Gemeinschaft mit Gott führen. In diesem Konzept ist die Hölle keine Sache des Zieles, sondern ein pädagogisches Mittel des Weges. Nicht nur die Theologie, sondern auch die Seelsorge wurde lange Zeit von der ersten Form der Eschatologie beherrscht. Hans Urs von Balthasar hat mit Recht darüber geurteilt, dass es in dieser Dominanz der Gerichtsidee zu einer furchtbaren Verfinsterung des Glaubens gekommen ist, unter der viele Menschen unsäglich gelitten haben. In der gegenwärtigen Situation ist diese Höllentheologie abgelöst von einer Theologie der offenen Hoffnung, die viele Elemente der alexandrinischen Tradition aufgenommen hat. Diese hat das Tun Gottes gern in der symbolischen Rede von der Kunst des

Arztes beschrieben, wie das schon in der hellenistischen Religionsphilosophie geschehen ist (Plutarch). So schreibt Origenes: „Alle Dinge Gottes, die bitter erscheinen, gereichen zur Erziehung und zum Heilmittel. Gott ist Arzt, Gott ist Vater; er ist nicht grausam, sondern mild …"

6. Der Versuch, die Wege Gottes mit dem Gleichnis der ärztlichen Kunst zu erfassen und daraus einen plausiblen Gedanken zu gewinnen, löst selbst wieder drängende Fragen aus. Die Nähe der ärztlichen Arbeit zum menschlichen Leiden versetzt zudem in eine besondere Situation. Aus jeder Diagnose, aus jeder Therapie und jedem Krankheitsverlauf kann ein Wirbel von Gedanken entstehen. Warum ist der Mensch so gemacht? Woher stammt die Idee, das Geschöpf diese Wege gehen zu lassen? Die aufgesammelten Antworten leisten nicht, was sie sollen, sondern produzieren neue Probleme. Wenn zum Beispiel gesagt wird, die Krankheit sei die große Chance zur menschlichen Reifung und Läuterung, sind im gleichen Satz die Wucherungen und Schmerzen zu nennen, die keinerlei Erziehungs- und Heilungsfunktion haben, die zu gar nichts nütze sind. Eine alte Auskunft lautet, das Leiden sei in seinem offenliegenden oder verborgenen Sinn die Strafe für begangene Sünden. Aber die Bibel widerspricht dieser simplen Lösung. Ijob lässt sich die Behauptung seiner Freunde, sein Unglück sei eine Konsequenz seiner Sünden, nicht gefallen. Er fordert Gott in offener Rede heraus: „Hast du die Augen eines Sterblichen, siehst du, wie Menschen sehen? … dass du Schuld an mir suchst, nach meiner Sünde fahndest, obwohl du weißt, dass ich nicht schuldig bin …" (Ijob 10,4.6–7). Und Jesus von Nazareth, der christliche Messias, beendet sein Leben am Kreuz nicht mit einem Geständnis seiner Schuld, sondern mit der Frage an Gott, die er mit einem Schrei bekräftigt: „Warum hast du mich verlassen?" (Mk 15,34.37). Die Frage wird nach zwei Richtungen offen gehalten. Es wird nicht gesagt: In der Welt gibt es Unrecht und üble Dinge, also existiert Gott nicht, denn Gott ist allein die Chance, mit der Welt in ihrer faktischen Verfassung zurechtzukommen. Aber es steht auch noch aus, wie das ganze Unternehmen im Grunde zu verstehen ist. Darauf wird ausdrücklich insistiert. Die christliche Orientierung geschieht also in Form einer positiven Vorläufigkeit. Die Richtung ist ange-

geben, die Reise bleibt abenteuerlich und das Ziel verborgen. Nicht zu beliebiger Fahrt sind die Christen eingeladen, irgendwie irgendwohin. Sie geschieht auf der Trasse der Liebe und zugleich in der Hoffnung, dass sich Gott selbst schließlich so zeigen wird, dass der Sinn des Ganzen überzeugend erscheint. In diesem Sinn spricht die Theologie der letzten Dinge vom Gottesgericht am Ende der Zeit: „Das Weltgericht ist die geistige Weltvollendung, damit die Rechtfertigung Gottes und seines Gesalbten …“ (Hermann Schell). Daher heißt das praktische Prinzip der Hoffnung: Arbeiten im Sinn dieser Vorläufigkeit; erfindend, bewahrend, reparierend, heilend, lindernd; all das aufnehmend, was die alte *ars moriendi*, die Sterbekunst, schon einmal begonnen hat. Von dieser wird gleich noch die Rede sein. Aber zunächst steht noch die Frage aus:

7. Wohin gehen wir? Die Antwort ist sehr kurz: Wir gehen zu Gott. Wir, die wir schon bei Gott sind, gehen zu ihm, „denn in ihm leben wir, bewegen wir uns und sind wir …“ (Apg 17,28). Es ist also keine Reise in die totale Fremde, in das absolut Neue, aber auch keine flache Fortsetzung dieses Lebens. So spielt die Sprache, in der das Ziel angesagt wird, zwischen Vertrautheit und Fremde, Heimatlichkeit und Distanzgefühl: Reich Gottes, Reich der Himmel, Himmel, ewiges Leben, Paradies, Seligkeit, Licht, Ruhe, Hochzeitsmahl, Herrlichkeit, himmlisches Jerusalem, Anschauung Gottes, alles in allem: festliche Bewegung des erfüllten Lebens. Die zeitliche Verfassung des irdischen Lebens ist offen genug, um immer wieder die Augenblicke ahnen zu lassen, die der menschlichen Erlebnisfähigkeit weder zu lang noch zu intensiv sind. Faust spricht davon: „Mag ich zum Augenblicke sagen: verweile doch, du bist so schön …“, und erst recht empfinden es die Freunde Jesu auf dem Tabor: „Hier ist gut sein, lasst uns Hütten bauen“ (Mk 9,5). Aber das ist nicht die Kraft, den erfüllten Augenblick wirklich zu leben; sie ist nur zu gewinnen aus der Nähe zu Gott, die mit neuem Feuer in den Menschen geht. Die Rede von dieser Zukunft im Himmel hat sich schon seit langem gegen zweifelnde Vorstellungen aller Art zu wehren. Immer wieder ist es die Langeweile, die mit ihren Ängsten droht; es ist ja nicht sehr leicht, sich die Inhalte des ewigen Lebens vertraut zu machen. Was ist der Zustand der Seligkeit, was geschieht da, was tun wir die ganze Ewigkeit? Das unaufhörliche Halleluja?

Die dauernde standing ovation? Die nicht abnützbare Freude, der unerschöpfliche Sinn, die nicht erschlaffende Spannung verwehren sich der ausmalenden Phantasie. Im konkreten Umgang mit den letzten Dingen stehen im Vordergrund der Kampf mit dem Schrecken des Todes, des Sterbens, die Angstabwehr; die Bewältigung der Endlichkeit. Im Schatten bleibt die Freude auf das Kommende, das Reich, den Himmel, das neue große Leben. Wer hat schon Augenblicke gehabt, in denen die Freude auf den Himmel stärker war als das Gefühl der Resignation? Gegen alle Fragen dieser Art hält das Hoffnungsevangelium der Bibel daran fest, dass das bruchstückhafte Glück auf dieser Erde in dieser Zeit nach einer Zukunft ruft, in der es bewahrt und überboten wird. Die Mutter Erde ist den Himmel wert, der ihr geöffnet ist, und es lohnt sich, darauf einige Aufmerksamkeit zu verwenden.

8. Die Rede von der *ars moriendi*, der Sterbekunst, stammt aus der geistlichen Literatur des späten Mittelalters. Sie entwarf ein Programm der religiösen Vorbereitung auf den Tod, durch das eine gute Sterbestunde vorbereitet werden sollte. Ausgerüstet mit den sakramentalen Gnadenmitteln sollte der Christ einen getrosten Tod erleiden können, in dem er weder das Ende noch das Gericht Gottes zu fürchten brauchte. Dabei schwang auch das Interesse mit, dass der Tod nicht einfach ein von außen hereinschlagender Gewaltakt des Schicksals sei, sondern dass die Freiheit des sterblichen Menschen daran teilhaben sollte. Der Lerngewinn, der dabei im Laufe der Zeit erzielt wurde, bestand in der abermaligen Einsicht, dass der Tod nicht zu lernen sei, dass bestenfalls eine Einübung in das Sterben möglich sei. Der Tod kann nicht vorweggenommen werden. Mit allen Aktionen und Strategien bleibt man außerhalb, Totsein lässt sich nicht am spirituellen Simulator trainieren.
Gibt es christliche, heute brauchbare Formen einer *ars moriendi*? Ich versuche, Ihre Aufmerksamkeit auf einige aktuelle Fragen zu lenken.
Wird der Tod in unserer heutigen Kultur mit ausreichender Intensität gewusst oder wird er, wie es im psychologischen Jargon heißt, verdrängt? Wäre es also Aufgabe der christlichen Gemeinden, Todeserinnerung zu betreiben? Man kann hier sehr leicht massiven Klischees verfallen und mit dem Instrument der raschen Verallgemeinerung

massive Diagnosen erzielen. Ehe man sich daranmacht, die konkrete Bewusstseinslage zu erkunden, könnte man zum Beispiel darüber nachdenken, wie viel Wachheit zum wahren Leben nötig ist, wie die Balance zwischen aufgeweckter und schlafender Gegenwart der vitalen Inhalte aussieht. Das christliche Evangelium spricht unverblümt, aber ohne Panikmache vom Tod. Es betreibt keine Erpressung, die über jede schöne Farbe des Lebens mit schwarzer Tinte hinfährt. Der Tod gilt nicht als Zustand des Zieles, sondern als die Bewegung des definitiven Hinübergehens. Das heißt auch, der Tod ist zuletzt keine bleibende Größe, sondern eine vergehende.

Mit größerer Gewalt drängt sich das Thema *Wahrnehmung des Todes* in einer anderen, globalen Perspektive auf. Das 20. Jahrhundert wird das Jahrhundert der Massenmorde genannt. Ich liefere jetzt keinen Nachweis der Zahlen, obwohl ihre anschauliche Evidenz für das Ausmaß des Schreckens unentbehrlich ist. Wir achten aber jetzt auf die Merkmale dieses historisch singulären Geschehens. Der Tod als zugefügter, verübter, getaner Tod; die Massenhaftigkeit des Todes, die Millionen auf den Haufen geworfener Leichen, die gewählten Regierungen als Täter, die großen Ideen und Utopien als Rechtfertigung der Massentötung, Schlachtung als Akt des humanen Fortschritts. Der ferngeschaute, nicht mehr gesehene Tod. Das schnell gleitende Verschwinden der Opfer, die Überlebenden gehen über sie hinweg, weiter, ohne das Tempo oder die Bewegung zu ändern. Der Philosoph Günter Anders hat die mengenmäßige Vergleichgültigung des Todes eindringlich beschrieben. Sein Gedicht:

Erhöben wir die Stimme nur zu drein
– drei Kläger nur im allerdünnsten Chore –
wir fänden rasch den Weg zu eurem Ohre
und leicht in euer Herz hinein.
Denn drei sind Vater, Mutter und das Kind.
Drei Tote könnte jedes Herz ermessen.
Doch wir Millionen sind schon heut vergessen,
weil wir Millionen viel zu viele sind.
(Besuch im Hades)

Das Evangelium setzt an dieser Stelle einen Gedanken ein, der gegen das Verschwinden gerichtet ist: die unlöschbare Aufmerksamkeit Gottes. „Vor ihm bleibt kein Geschöpf verborgen, sondern alles liegt nackt und bloß vor den Augen dessen, dem wir Rechenschaft schulden" (Hebr 4,13). Gott erscheint in dieser Kennzeichnung als das genaue Gedächtnis, das im Anblick der Vielen das einzelne Gesicht nicht verwischt, sondern ewig weiß und bewahrt. Eine christliche *ars moriendi* gewinnt daraus den Mut, gegen die Vermassung und gewaltsame Verwaltung des Todes anzugehen, betend und praktisch. Das heißt auch, Skepsis lernen in Bezug auf die großen Ideen und die allzu guten Meinungen, fragen, mit welchen Mitteln die Menschheitsverbesserungsprogramme realisiert werden sollen. Nicht zuletzt wird es christliche Aufgabe sein, die Gesichter zu zählen, Namen für Namen, ohne jemanden zu überspringen, ohne die Einzelnen der Allgemeinheit zu opfern. Ein Drittes noch: „Es gibt auch unter Christen einen falschen Leichenkult. Es gibt ein falsches, indiskretes Starren in das Antlitz des Toten, ein angstvolles Spähen nach seinem Ausdruck: ob seine letzten Augenblicke schrecklich waren, ob seine Züge Frieden widerspiegeln. Aber der Leichnam ‚spricht' nicht mehr; chemisch-physikalische Prozesse sprechen in ihm. Zwar ist er wegen seiner Geschichte – die unwiderruflich beendet ist – mit Ehrfurcht zu behandeln. Nichts spricht aber dagegen, dass Ehrfurcht und Zweckmäßigkeit einander die Waage halten, was den Umgang mit dem Leichnam angeht. Verzicht auf tagelange Aufbahrung, Aufbewahrung in einem Kühlhaus, Feuerbestattung bezeugen von sich aus keineswegs den Verlust des Glaubens an das Leben und die Gegenwart des Toten."[2] Auch andere Elemente gehören zu diesem Totenkult: Die Ortung der Toten geschieht gewöhnlich in einer spontanen Hinwendung zum Grab, in einer selbstverständlichen Fixierung auf den Friedhof. Da mag immer noch die Vorstellung mitspielen, dass hier die Wohnung, der Aufenthalt des Verstorbenen sei. Dagegen steht der Satz aus dem Lukasevangelium: „Was sucht ihr den, der

---

2 H. Vorgrimler, Von der Gegenwart und dem Leben der Toten, in: M. Ausel/K. Richter (Hg.), Der Umgang mit den Toten. Tod und Bestattung in der christlichen Gemeinde (QD 123), Freiburg 1990, 27–47, 42–43.

lebt, bei den Toten?“ (24,5). Grab und Friedhof sind die Orte für den Leichnam, nicht die Adresse des Verstorbenen. Der Leichnam ist nicht der neue Mensch, nicht das sich in Gott bewegende Du des Toten. Die Sprache der Totenbildchen, der Grabinschriften, der Partezettel bindet aber die Phantasie stärker an das gewesene Leben, als es auf das kommende Leben zu öffnen. Die Hoffnung, die vom Evangelium nahegelegt wird, holt dagegen die Verstorbenen nicht in diese Welt zurück, sie wendet auch nicht den Blick allein auf ihr Gewesensein zurück, sondern ausgehend vom beendeten Leben in der Welt richtet sie sich auf ihre jetzt reale neue Gegenwart hin aus. In diese sind die Toten so fortgewendet, dass sie nicht mehr in die Welt der irdischen Wahrnehmung zurückreichen können. Diese Entrückung in die andere Phase des Daseins ist uns nicht völlig unbekannt. Der zur Welt geborene Mensch, der den Uterus der Mutter verlassen hat, kann nicht mehr in die Gebärmutter zurückreden oder zurückhandeln. Das Leben gewinnt er nur vorwärts.

Von dieser grundsätzlichen Wende des Lebens her müsste Ostern viel deutlicher die Festzeit und der Festort für den Umgang mit den Toten sein. Ostern könnte noch ein viel intensiverer Brennpunkt werden, sprachlich, symbolisch, rituell. Der Ostertag ist nicht nur der lichte Schlusspunkt hinter der anstrengenden Karwoche, sondern das Ziel, der Kern dieser Tagfolge. Denn das Christentum ist nicht auf der Finsternis des Karfreitags errichtet, sondern es entspringt dem Ostertag, dem Lebenstag. Darum sind alle Wege dahin Wege des Lebens, auch die dunkle Straße des Todes.

Sieben Gedanken für heute und morgen

Der folgende Text greift innerkirchlich vieldiskutierte Problemstellungen auf, verarbeitet Lesefrüchte und Erfahrungen. Die darin entfalteten Gedanken weichen keiner Anfrage aus, weshalb hier auch Struktur- und Machtfragen eine zentrale Rolle einnehmen.

Liebe Sidonia, lieber Honorius!

Wir haben uns ja vorgenommen, unser abendliches Symposion nicht von sekundären Stimmungen vernebeln zu lassen. Aber neulich ist es doch wieder geschehen. Wir haben uns über gewisse Vorfälle in der Kirche geärgert und später beim Abschied noch einmal geärgert, dass wir uns geärgert haben. Liebe Freunde, ich brauche Euch nicht zu trösten, Ihr könnt Euch ja den gehörigen Vers auf den geistlichen Zirkus machen. Ich schicke Euch als einen Gruß hinterdrein ein Papier, das ich einmal für meinen persönlichen Gebrauch verfasst habe. Vielleicht habt Ihr Interesse daran.

1. Die Gegenwart annehmen und leben

In der kirchlichen Atmosphäre spüren wir zurzeit den wachsenden Drang, alles Denken und Wünschen zurückzuwenden und unter das Joch des Ehemaligen zu spannen. Als wäre das selige Gestern das Ziel der Sehnsüchte. Die schönen Kopfbedeckungen der Prälaten versperren oft genug in symbolischer Art das Bewusstsein im rückwärtigen Augenblick. Und wir atmen abgestandene Luft, schleppen verschimmelte Probleme, museale Dinge und Sprachspiele weiter durch die Zeit. Aber es gibt Neues unter der Sonne, gegen Kohelet gesprochen, es gibt zu entdecken und zu lernen. Jetzt. Denn wir lesen in der Bibel vom Alpha und Omega der Zeit und von der Sorge, dass das eine nicht vom anderen gerissen wird. Aber es steht auch geschrieben, in sehr dringlichen Sätzen, die Einladung, den heutigen Tag nicht zu versäumen, die Warnung, nicht am aktuellen Augenblick vorbeizuleben. „Heute, wenn ihr seine Stimme hört, verhärtet eure Herzen nicht" (Hebr 3,7–4,7). Der Geist Gottes wird gesendet, um die Jüngerschaft einzuweisen, in die Wahrheit, die heute zu finden ist. Auf diese Gegenwärtigkeit hat sich das Zweite Vatikanum ausdrücklich verpflichtet: „Als Zeuge und Künder des Glaubens des gesamten in Christus geeinten Volkes Gottes kann das Konzil dessen Verbundenheit, Achtung und Liebe gegenüber der ganzen Menschheitsfamilie, der dieses ja selbst eingefügt ist, nicht beredter bekunden als dadurch, dass es mit ihr in einen Dialog eintritt" (Gaudium et spes 3). Daran ist gerade dann festzuhalten, wenn die Texte der Kirchenversammlung entweder in Vergessenheit geraten oder in autoritärer Deutung um ihre wegweisende Kraft gebracht werden. Es gehört zu den sonderbaren Phänomenen der geistigen Welt, dass religiöse Gesellschaften vor ihrer eigenen Weisheit erschrecken. Und einmal waren sie doch stolz auf diese und erzählten aller Welt von ihr. Es ist keine schlimme Übertreibung, wenn hier von spiritueller Feigheit gesprochen wird. Es gibt keinen treffenderen Namen dafür und man könnte hinzufügen, belehrt vom Verhalten der Befugnis tragenden Obrigkeiten, dass auch eine gehörige Portion Arroganz mit im Spiel ist. Aber da wir Gedrucktes lesen können, fühlen wir uns auch frei und ganz auf der Seite der Glaubensgemeinschaft, wenn wir aufs Neue lesen und auf dem Wortlaut bestehen. *Sapere aude!* ist die Devise. Wir wollen unsere Vernunft gebrauchen.

2. Die Botschaft der Freude

Was treibt im Grund aller Wirklichkeit, was speist den Motor des Glaubens, dass wir getrost leben und sterben können, was ist der alles durchstimmende Ton? Mit einem Wort des normannischen Theologen Thomas von Aquin gesagt: Freude und Liebe. Nichts ist höher, tiefer und breiter. Davon und darin leben wir, das ist unser Aufenthalt und das steht uns bevor. Der Weg Jesu führt dahin, kein anderer Sinn ist mit seinem Namen verbunden. Diese Trasse ist gelegt zum Heiligtum der Freude, nicht mit unseren Händen gemacht, unzerstörbar. So ist auch die primäre Angst, die zuweilen über das Herz herfällt, nicht gleichzusetzen mit dem Gefühl der Furcht, das von einzelnen Dingen der Welt ausgeht. Es ist die saugende Finsternis, in der alles im Nichts verschwindet. Das Johannesevangelium spricht vom Sieg des Glaubens und meint diese äußerste Drohung, der das Geschöpf ausgesetzt ist, die spurlose Nichtung. An dieser Front wird gekämpft. Die kirchlich erzeugten Traurigkeiten sind im Vergleich mit diesen Mächten des Dunkels recht sekundäre Momente. Man sollte dieser Szene der Daseinsangst ihr elementares, heroisches, unvergleichbares Maß lassen. Schon diese Unterscheidung gibt der Seele ein Gefühl der Klarheit und Freiheit. Ein dem Genuss seiner Macht verfallener Papst kann mich nicht traurig stimmen, das ist nicht stark genug, mehr als ein flüchtiger Ärger muss daraus nicht werden. Am Horizont der Welt steht nicht der römische Pontifex, nicht das Kollektiv des Klerus, sondern Jesus, der Herzog des Glaubens. Von ihm her fließt das Vertrauen in das Herz der Leute. Der Liebe, deren getreuer Zeuge er sein will, ist Gelingen und Dauer versprochen. Die von kirchenpolitischen Maßnahmen hervorgerufene Melancholie verdient es nicht, unsere seelischen Energien zu verzehren. Es ist wohl eine Überlegung wert, ob die Christinnen und Christen in ihrem Verhalten die gebührende Balance zu halten vermögen. Manchmal hat es den Anschein, als sei es ein Kreislauf der Gefühle, in dem man sich hat fangen lassen. Der flutende, von Angst durchmischte Ärger produziert die Zustände, an denen er entsteht. Aus dieser Drehtür kann man ins Freie treten.

3. Leichtigkeit

1752 Canones zählt der Codex des kanonischen Rechts, in dem die geltende Ordnung für die katholische Kirche zusammengefasst ist. Ein gewaltiges Gerüst an Gesetzen und Regelungen. Legt man das Buch neben eines der Evangelien und vergleicht die Gestalt der Texte, ist der Eindruck groß. Das Maß an rechtlicher Organisation, die Ausprägung des klerikalen Elementes, dessen Übergewicht sich überall durchsetzt, das im römischen Papst den stärksten Ausdruck hat, verblüfft. Dem römischen Bischof allein wird die zentrale Entscheidungsgewalt zugesprochen, die an keine andere Instanz gebunden ist. „Gegen ein Urteil oder ein Dekret des Papstes gibt es weder Berufung noch Beschwerde“ (Can. 333 § 2). Es wird auch die Verwunderung nicht darüber ausbleiben, dass von dem spontanen, charismatischen, nicht eben priesterfreundlichen Jesus dieses massive System gegründet worden sein soll, und der Zweifel, ob er sich in diesem Gebilde wiedererkennen könnte. Das Handicap, an dem die katholische Kirche zu tragen hat, ist die extrem klerikal dominierte Ordnung, die alle Bewegung schwer und langsam macht. Dazu kommt das hohe Maß an Selbstbezogenheit dieser Gruppe, vor allem auf bischöflicher und päpstlicher Ebene, Selbstfeier und Selbstdarstellung in einem Personenkult, dessen ästhetische Anziehung ohne Wenn und Aber genossen wird. Wer will das alles in nachvollziehbarer Logik auf den Willen Gottes zurückführen? In der ungebremsten Selbstsetzung des Klerus rückt dieser immer wieder in die Mitte, als ginge es in seinen Aktionen um die heilige Sache des Evangeliums. Mit dieser Vergötzung ist die Immunisierung gegen alle kritische Befragung verbunden. Es ist daher Zeit, darüber nachzudenken, ob es nicht den Priestermangel gerade deshalb gibt, weil zu viel von diesem Priestertum besteht. Vielleicht haben wir die Not des fehlenden Sakralpersonals zu erleiden als eine Erziehungsmaßnahme der Vorsehung. Vielleicht wird die schwergewichtige, sich selbst definierende Geistlichkeit ein wenig in die Leichtigkeit eingeübt, die ihr im Eifer der eigenen Bedeutung abhandengekommen ist. Leichtigkeit – was wäre das? Könnte das nicht die vergessene Eigenschaft des Christlichen sein? In Stichworten locker aufgezählt: Die Regelungen reduzieren, mit Gelassenheit und praktischem Sinn Aufgaben und Befugnisse verteilen, mit Traditionen brechen, die kirchlichen Gewohnheiten und die biblischen Weisungen unterscheiden, Abschied nehmen von der totalen Zuständigkeit, sich nicht in die verschiedenen Lebensbereiche einmischen, Finger weg vom beladenen Thema der Sexualität, die absurde unmenschliche Untersagung der Kondome nicht schamhaft vergessen, sondern ausdrücklich widerrufen, lernen, dass Gottes Willen nicht im Tageskalender nachzulesen ist, zweifeln am eigenen Tun, bescheiden sein im Anspruch, mehr raten als befehlen, mehr Tanz als Marschkolonne, mehr Vorläufigkeit, mehr Poesie.

4. Die Rolle sollte der Sache dienen

Seit den ersten Tagen der Christenheit befindet sich diese im Streit um die Organisation der werdenden Religion. Das ist ein Vorgang, wie er in jeder Bewegung religiöser Art stattfindet. Und überall melden sich in solchen Kämpfen auch die Instinkte, die eine mehrheitsfähige Lösung verhindern. Wer darf was tun, wo, mit wem, in welcher qualitativen Ausstattung. Eine Gruppe setzt sich durch, das gelingt ihr mit den Standards und Interessen, die sie für richtig hält, das Ende ist die Monopolisierung all dessen, was der Umgang mit dem Heiligen sein kann. Zu diesen hinderlichen Instinkten gehört die Begierde, wie sie für religiöse Milieus typisch ist. Der Jargon der Demut mischt sich mit der maximalen Geltung, die man haben will. Wer kennt nicht die süffigen Sprachspiele, die daraus entstehen? Innerhalb der Jesusbewegung schon, im intimen Kreis der Freunde, meldet sich der Wunsch, rechts und links sitzen zu dürfen, auf dem Ehrensessel neben dem Messias. Dieser weist sie noch in die Schranken, seine leibliche Gegenwart war stark genug gegen dieses Begehren, aber nach seinem Tod geschieht sehr bald die Verteilung der Sitzplätze. Nur ehelose Männer dürfen es sein, keine Frauen, der siegreichen Gruppe ist ein sehr reich artikuliertes Feld bereitet an Funktionen, Stufen, Weihen, Ehrenplätzen und Ehrentiteln. Auf der Leiter kann man steigen von unten bis zur einsamen Spitze, zum Papst. Über wenige Themen wird so ausgiebig beraten und reflektiert wie über das Amt, als sei die Offenbarung geschehen, damit es Bischöfe geben kann. Das katholische Religionssystem ist eine ungleichgewichtige Ordnung, die für viele Christen der Gegenwart nicht mehr durchsichtig ist auf das Evangelium Jesu. Man erwartet daher von einer religiösen Bewegung, die sich mit Ernst und Entschiedenheit an ihre Zeitgenossen wendet und für ihre Botschaft wirbt, dass sie ihre Formen übersetzen kann in die heute aktuelle Sprache, nicht um ihr Anliegen an irgendwelche Trends zu verraten, sondern in der Kenntnis ihrer Verpflichtung, das Veränderbare rechtzeitig zu verändern. Dass die heute geltende Ordnung so bald und so strikt als göttliche und unwandelbare Setzung hingestellt wurde, ist das stärkste Element an diesem Monopol, weil damit auch der Diskurs darüber unterbunden werden soll. Dagegen melden sich glaubwürdige Stimmen mit dem schlichten Einspruch: Die Priester als Funktionäre einer religiösen Gemeinschaft kommen und gehen, die Sache bleibt, von der Stunde Jesu bis heute. Im Bild gesprochen: Wie der Briefträger gekleidet ist, mit welchem Fahrzeug er kommt, ob er geht oder fliegt, ist letztlich nicht wichtig, die Hauptsache bleibt immer, dass er den Brief an die Adresse bringt. Alles andere kann und muss unter Umständen gewechselt werden. Es ist nicht zu erwarten, dass das bald geschehen wird. Auf diesem Feld sind die Vorteile der Langsamkeit längst entdeckt und werden gern genützt. Schließlich ist nicht zu überhören, was viele Menschen der Gegenwart verwundert: Hat man denn die Sache des Glaubens schon so erledigt, so weit hinter sich gebracht, dass man alle Zeit, alle Aufmerksamkeit und Kraft auf diese Probleme der Struktur vernutzen kann? Ist es überflüssig geworden, zu fragen: *Existiert Gott?* Warum ist es gut, Religion zu haben? Welche Gefahren sind damit verbunden? Die Koordinaten verrutschen, der Codex verdrängt das Evangelium.

5. Kollegialität

1970 hat ein damals sehr bekannter Theologe folgenden Satz geschrieben: „Jede Stunde bringt Chancen und Gefahren für die Kirche, auch die heutige. Es ist töricht und unkritisch, zu meinen, erst heute könnte eigentlich die Kirche ihren wahren Verfassungsauftrag richtig erfüllen. Es ist nicht weniger töricht und unkritisch, zu meinen, das Heute habe der Kirche nichts zu sagen und sie könnte sich ruhig ins Gewordene verschließen. Auch und gerade das Zeitalter der Demokratie ist ein Anruf an sie, dem sie sich kritisch und offen zugleich zu stellen hat. Die Kirche kann sich nicht in eine Parteiendemokratie umwandeln und darf es nicht. Umso mehr sollte sie ein wesentliches Grundelement moderner Demokratie übernehmen: eine unabhängige Rechtspflege und den nur so zu sichernden Rechtsschutz des Einzelnen vor Verwaltung und Exekutive. Amtsbestellungen sollten diesem Prinzip gemäß nie nur von oben erfolgen, hier muss an der seit dem 13. Jahrhundert zum Sieg kommenden Entwicklung entschieden Kritik geübt werden. Andererseits kann Amtsbestellung nie nur von unten, von der Einzelgemeinde her erfolgen, sondern muss immer auch den gesamtkirchlichen Faktor in sich bergen: das Zueinander beider scheint mir für eine rechte Kirchenordnung konstitutiv zu sein." Der Theologe ist heute als Papst Benedikt XVI. in der besten Lage, dieses Prinzip praktisch verwirklichen zu können. Aber das Übergewicht von oben ist seither stark gewachsen und damit auch die Irritation unten im Kirchenvolk. Die päpstlichen Entscheidungen fahren über die Köpfe hinweg. In diesen regen sich die Zweifel, ob der Papst noch weiß, was der Theologe einmal behauptet hat. Es ist nichts leichter, als einen lyrischen Traktat über die Liebe zu schreiben, und eine sehr andere Sache, diese Liebe in konkretes Verhalten umzusetzen. Den Leuten setzt die schwer erträgliche Arroganz zu, in der man tut, was man will, und im lehrhaften Anspruch verkündet, das sei die unübertreffliche, christliche Liebe. Die päpstliche Zentralherrschaft in Rom, eine absolute Monarchie, pflegt den ererbten Klerikalismus, den der Theologe Ratzinger einmal beklagt hat. Was besonders hart an die Nerven geht, ist die Benützung der Laien als geistliches Hilfsvolk, dem man keine positive Rolle anbieten kann, wohl auch nicht will, nur eben froh ist, einen zeitweiligen Ersatz zu haben, wenn immer größere Löcher im Personal zu flicken sind. Was dagegen regional und wohl auch global nötig ist, wofür die grundsätzlichen Ansätze im Zweiten Vatikanum zu finden sind, wäre die redliche Definition der religiösen Rollen, die in der aktuellen Situation ganz praktisch angegangen werden müsste. Alle Varianten und Möglichkeiten sind auszuschöpfen, noch nie dagewesene Formen zu erproben, die ganze Skala, von den Ministranten bis zum Bischof, wäre zu erkunden, ausdrücklich die ehelosen, die verheirateten Frauen und Männer einbeziehend. Das hieße die geistliche Zuständigkeit der Gemeinden in allen ihren Nuancen entdecken und leben. Es ist viel Bereitschaft da, dem Evangelium zu dienen.[1]

1 Die Sätze Ratzingers zur Demokratie in der Kirche sind zu finden bei: J. Ratzinger, Demokratisierung der Kirche, in: J. Ratzinger/H. Maier (Hg.), Demokratie in der Kirche, Limburg 1970, 9–46.

Den männlichen Pfaffen gibt es schon die längste Zeit der Tradition, es war schon reichlich Gelegenheit, mit dieser Figur Erfahrungen zu machen. Das weibliche Gegenstück dazu konnte sich noch nicht entwickeln. Die sakrale Zicke taucht höchstens in den Witzen auf, die man sich in traditionalistischen Zirkeln erzählt. Was den Männern schon ausgiebig möglich war, die Entstellung der geistlichen Rolle zur Karikatur, das steht den Frauen noch bevor: Die gleiche Chance, sich in der amtlichen Position zu bewähren oder zu scheitern. Von dieser Möglichkeit zu reden, jetzt, in dieser Atmosphäre, bei der konkreten Besetzung der hohen Leitungsposten in der Kirche, mutet gewiss recht utopisch an. Es ist auch nicht sinnvoll, weiß Gott wie tief in die Zukunft hineinzureden. Wir kennen sie nicht, und die kommenden Generationen haben ihre Zeit und werden in ihrer Unmittelbarkeit zu Gott leben und denken. Unsere Aufgabe kann es nicht sein, sie im Voraus zu programmieren. Aber es ist möglich, in der Gegenwart einige Impulse zu sehen, die vermutlich über sie hinaus wirken werden.

- Die Mutation der Stimmung, die seit längerem im Gang ist, bedeutet immerhin, dass die Selbstverständlichkeit der amtlichen Rollenverteilung in der katholischen Kirche unwiderruflich gebrochen ist. Das lässt sich nicht mehr aussitzen und auf eine unendlich lange Bank schieben. Dieser Wandel ist zu begrüßen und von der eigenen Überzeugung her zu stärken.
- Die Reihe der Argumente, die den Ausschluss der Frau vom geistlichen Amt begründen sollten, ist gesichtet und faktisch auf ein einziges reduziert. Dieses allein verbleibende Argument benützt das kirchliche Lehramt mit umso größerem Eifer: Die Autorität Jesu verbiete die Zulassung der Frau zum Priestertum, weil Jesus in bewusster Wahl nur Männer zu Aposteln gemacht und damit der Kirche eine bleibende Regel eingestiftet habe. Die Tragfähigkeit dieser Begründung ist freilich sehr strittig, und es wächst allenthalben die Überzeugung, dass es überhaupt keinen Grund gibt, die Frau vom priesterlichen Amt fernzuhalten.

- In nicht wenigen christlichen Konfessionen außerhalb der katholischen Kirche sind die Frauen schon zum religiösen Amt zugelassen. Von dieser Seite her kommt auf die katholische Lösung ein gewisser Druck, weil nun Erfahrungen gemacht werden, die dazu einladen, es ebenfalls zu versuchen. Wenn diesen Kirchen „die innere Gabe des Heiligen Geistes" geschenkt ist, wie das Vatikanische Konzil sagt, kommt ihren Versuchen gewiss auch eine geistliche Autorität zu, die nicht gleichgültig übergangen werden kann.
- Die Erforschung und kritische Prüfung der Tradition hat längst zur Einsicht geführt, dass die Überlieferung ein komplexes Handicap ausgebrütet hat, die denunzierende, abwertende Behandlung der Frauen im binnenkirchlichen Bereich. Das Eingeständnis dieses historischen Defizits müsste wohl begleitet sein von der Erkenntnis, wie ideologieanfällig das männliche Lehramt sein kann.
- Nach dem Neuen Testament sind die ersten Zeugen der Auferstehung Frauen, nicht Männer. Der Kirchenvater Hieronymus nennt sie daher „Apostelinnen der Apostel" (apostolae apostolorum) und deutet damit eine mögliche Argumentation für das Priestertum der Frau an.
- Diese Chance wurde allerdings nie genützt, die Texte hat man schamhaft zurechtinterpretiert, aber der Sachverhalt ist damit nicht aus der Welt geschafft, sondern steht einer heutigen Diskussion ungeschmälert zur Verfügung.
- Theologisch gebildete Frauen des Mittelalters wie Hildegard von Bingen (1098–1179) haben sich keineswegs mit dem Status zufrieden gegeben, den ihnen die Männergesellschaft einräumte. Sie unterlaufen das amtliche System mit dem mystischen Gedanken, dass die christliche Jungfrau, die Nonne, das kirchliche Priestertum gar nicht brauche, weil sie als *Braut Christi* unmittelbar an dessen Priestertum teilhabe. Sie besitze es mit ihm. „In ihrem Bräutigam hat sie das Priestertum und jedes Amt des Altares … und besitzt alle Reichtümer mit ihm" (Scivias II, 6). Damit war gewiss eine Quelle großer Gelassenheit geöffnet, aber der Gedanke saß einstweilen im Kämmerlein der Seele, er durfte damals noch nicht ins Freie treten. Dass er es nun einmal kann, dass diese Ebenbürtigkeit auch in der Insti-

tution realisiert werden darf, dafür wird es wohl noch einige Unermüdlichkeit brauchen.

7. Die Gnade geht über die Zäune

Im Augenblick, da wieder einmal zum Anlass einer Bischofsernennung eine Art Angstflutung stattfindet, ist in Erinnerung zu bringen, dass jeder Katholik, jede Katholikin von der spirituellen Autarkie Gebrauch machen kann, die dem Glauben eingestiftet ist. Die geistliche Unabhängigkeit bedeutet: Ich habe den Text, das Libretto des Jesusweges, ich kann lesen, ich kann das Evangelium verstehen, ich habe das gesamte Alphabet der Welt vor mir, in dem Gott zu mir spricht, es gibt den Kreis der Freunde, in dem ich Rat, Hilfe und Aufklärung meiner Dummheit finden kann, ich weiß um die Zusage Jesu, dass er alle Tage da sein wird in den Sakramenten und über die Sakramente hinaus, dass ich freigesprochen bin von den Begrenzungen gesetzlicher und natürlicher Art. Keine geistliche Instanz kann mich gefangen halten, keine Suspension mich bedrohen, kein schiefer Bischof mich entmutigen. Das ist mehr als genug. Die Portion Papst, die ich für meinen religiösen Haushalt brauche, ist schmal, auf der Unzenwaage zu messen. Für mein christliches Gottesgefühl hat weder der römische Apparat noch irgendetwas aus dem Gerüst der kirchlichen Institution entscheidende Bedeutung. Die Gegenwart, die Jesus versprochen hat, überhaupt die Anwesenheit des Heiligen, greift über alle Einrichtungen, über alle sakrale Bürokratie hinaus und relativiert sie. Der Klerus kann sie nicht verwalten, nur bezeugen, indem er von der Grenzenlosigkeit der Zuwendung spricht. Das ist gewiss keine Neuigkeit, sondern sehr altes Wissen, geschöpft aus den Quellen der biblischen Weisheit. Aber diese Möglichkeit wird wenig genützt, es gibt davon nur ein schwaches Bewusstsein. Vielleicht hat man oft auch den Verdacht, man rede so von den letzten Dingen, um nicht von den vorletzten reden zu müssen. Das wäre in der Tat eine perverse Ablenkung. Aber der Sinn solcher Sätze liegt gerade in der Absicht, hier, unter dem Himmel, die stärksten Motive zu finden für den Streit um die vorletzten Fragen. Da ist es jedenfalls hilfreich, um die Zusammenhänge zu wissen, das eine vom anderen unterscheiden zu können.

Postskriptum 1

Weil in der Diskussion um die Ämter und Dienste in der Kirche immer wieder das simple Argument benützt wird, es sei unmöglich, heute zu tun, was Jesus damals nicht getan hat, also Frauen zu Priesterinnen zu weihen, weil Jesus keine Frauen in den Kreis seiner apostolischen Jünger aufgenommen hat, habe ich meinen Computer auf eine Beispielsammlungsaktion losgeschickt, und er ist mit einem imposanten Zettel zurückgekommen. Erbaut Euch daran, liebe Freunde, und wundert Euch nicht, wenn einige dieser Unmöglichkeiten im nächsten Hirtenbrief auftauchen.

was wir nicht tun dürfen
weil jesus es nicht getan hat

wir dürfen die außerehelichen zeugungen nicht verbieten
weil jesus außerehelich gezeugt und geboren wurde

wir dürfen keinen zölibatären papst haben
weil jesus den verheirateten petrus zum felsen gemacht hat

der papst dürfte sich keine mitra auf den Kopf setzen
weil jesus sicher keine mütze dieser art getragen hat

wir dürfen nichts gegen den menschenhandel tun
weil jesus gegen die sklaverei nichts unternommen hat

wir dürfen keine frauen zu priesterinnen machen
weil jesus keine apostelinnen engagiert hat

wir dürfen zu niemand auf der welt *heiliger vater* sagen
weil jesus diesen titel für gott reserviert hat

wir dürfen nichts über die schwulen und lesben sagen
weil jesus über schwule und lesben nichts gesagt hat

wir dürfen keine eide schwören
weil jesus nicht geschworen hat

wir dürfen nicht fliegen
weil jesus nicht geflogen ist

wir dürfen nicht lachen
weil jesus nicht gelacht hat

wir dürfen nicht in die kirche gehen
weil jesus die synagoge besucht hat

wir dürfen nicht weiß gott was alles nicht tun
weil jesus nicht alles getan hat

Postskriptum 2

Einer meiner Freunde hat mir geschrieben, er wolle gewiss nicht aus der Kirche austreten, aber er habe die Absicht, seine Mitgliedschaft eine gewisse Zeit, etwa bis zum nächsten Papst, ruhen zu lassen. Was haltet Ihr von dieser Möglichkeit?

Diesermann

Alljährlich wird bei den Salzburger Festspielen am Domplatz Hugo von Hofmannsthals „Jedermann" mit großem Erfolg aufgeführt. Dazu trägt nicht nur die einmalige Kulisse und die erotisch aufgeladene Rolle der Buhlschaft bei, sondern auch die Ästhetik und Dramatik dieses Stückes. Genau dieser eigenen Ästhetik und Dramatik geht der vorliegende Text nach und entwirft aus einer kritischen theologischen Perspektive eine andere Geschichte vom Leben und Sterben des reichen Mannes. Aus Bachls jahrelanger und intensiver Auseinandersetzung mit diesem Stück, insbesondere im Rahmen der Festspiele, resultierte der Vorschlag, man möge einen Preis für einen neuen, besseren Jedermann bzw. eine Jedefrau ausschreiben. Damit könne man diesem Salzburger Traditionsstück eine andere Geschichte zur Seite zu stellen. Bis heute haben sich aber leider keine Geldgeber gefunden, um diese Idee weiterverfolgen zu können.

Liebe Freunde, Sidonia, Honorius!

Leider ist Eure freundliche Meinung, ich sei ein recht kulturbeflissener Mensch, leicht zu falsifizieren. Es fällt mir nicht schwer, auch an großen Events der europäischen klassischen, modernen und sonst wie Geltung beanspruchenden Szene vorbeizuleben. Wäre ich intensiver in das reiche Angebot vernetzt, hätte mich Eure Bitte, den Salzburger *Jedermann*, der Jahr für Jahr auf dem Domplatz gespielt wird, zu erläutern, nicht so überraschen können. Es ist lange her, dass ich das Stück gesehen habe. Euch zuliebe bin ich in großen Schritten an meinen Bücherschrank gegangen, um mir den Text in aufmerksamer Lektüre wieder gegenwärtig zu machen. Ich will tun, was ich als Theologe an Lesestücken dieser Art zusammenbringe, also eine sachgerechte Rezension versuchen. Dabei bewegt mich auch die Hoffnung, dass in meiner Zubereitung eine Gegengabe entsteht für die köstlichen Holunderkrapfen, die Honorius vergangenen Mittwoch auf den Tisch gezaubert hat. Gelobt sei die Staude, die solche Blüten treibt!

Es ist Euch bekannt, dass der Dichter Hugo von Hofmannsthal eine mittelalterliche Fabel unter dem Titel *Jedermann (Everyman)* neu zubereitet hat.[1] Es sollte daraus nicht irgendein Theaterstück entstehen, sondern im Konzept der Salzburger Festspiele ein christliches Mysterienspiel eingebaut werden. Die Wahl des Ortes, der Platz vor dem Salzburger Dom, die Art der Sprache, der altertümliche Stil, das Thema der Geschichte, die da erzählt wird, sollten das Heilig-Besondere, die sakrale Mitte der Festspiele bilden. Ich rede im Folgenden nur vom Text des Stückes und lasse die bunte Geschichte der Inszenierungen und der sonstigen theatralischen Auslegung ganz beiseite.

Die Fabel

1. Jedermann, der reiche Genießer des Lebens, wird vom Ultimatum des Todes überfallen. Dieser kommt im Auftrag Gottes, der erzürnt ist, weil ihm Jedermann zu wenig Beachtung und Verehrung schenkt. Der Erhabene will für die gnadenhafte Erlösungsarbeit vernehmbar bedankt sein. So greift er nach dem wirksamsten Instrument, das ihm zur Verfügung steht, er schickt den Tod. Diese schwarze Gestalt macht sich gehorsamst auf den Weg und richtet Jedermann die göttliche Nachricht aus, mitten hinein in das üppige Leben, dem er sich gedankenlos hingibt, ohne die Mahnungen seiner Mutter ernst zu nehmen. Gott macht in dieser Szene keine sympathische Figur, aber im theatralischen Sinn spielt er die notwendigste Rolle. Der Tod steht ihm jederzeit zu Gebote und er gebraucht ihn nach seinem Willen. Auf der Stelle soll jetzt Gericht gehalten werden, und es ist ganz ungewiss, ob Jedermann die Himmelspforte finden wird, „es sei denn, dass Almosen und Mildtätigkeit / befreundt ihm wären und hilfsbereit". Das Stück zeigt ausführlich, wie das Leben unter der Herrschaft des Geldes (Mammon heißt es) verläuft. Hofmannsthal hat sich dazu, so wird berichtet, an

1 Vgl. H. von Hofmannsthal, Jedermann. Das Spiel vom Sterben des reichen Mannes, Frankfurt 2000.

Georg Simmels *Philosophie des Geldes* orientiert. Aber das Thema ist alt, er hätte dazu die *Carmina burana* und viel biblische Tradition zitieren können. Es ist außerdem zu beachten, dass die ausgedehnte Szene des Teufels der Sache nach zum selben Thema gehört. Der Reichtum regiert hart, und der vermögende Jedermann erfährt diese Härte gerade in dem Augenblick, da er anfängt, hilfreiche Solidarität in seiner Welt zu suchen. Er verhandelt mit dem Tod, um eine Frist zu erreichen, „mir zu gewinnen ein Geleit / dass ich nicht mutterkindallein / vor meinem Richter müsste sein". Der Tod zeigt sich großzügig und gibt ihm die kurze Zeit „nur Redens und Ratens ein Stündlein Zeit / um Christi Gottes Barmherzigkeit". Nun wird aus der Geschichte ein Wettlauf mit der verrinnenden Zeit, die verzweifelte Suche nach der helfenden Begleitung in den Augenblick des Gerichts. Weder das Geld noch irgendeine Person aus der Gesellschaft Jedermanns ist geeignet und willens, diesen gefährlichen Beistand zu leisten. Schließlich spitzt sich alles auf ein schroffes *Entweder – Oder* zu: Entweder wird der Mensch nach dem Maß seiner sittlichen und religiösen Leistung beurteilt und behandelt, oder Gottes Gnade wendet sich ihm gratis zu, ohne eine Rechnung anzustellen. In der ersten Möglichkeit wäre Jedermann verloren, denn sein Leben spricht gegen ihn. Nach seinen Werken muss er verurteilt werden. So mündet das Stück, das nicht mit einem Verdammungsurteil enden soll, in der Gnade. Jedermann gelingt es, in den Himmel zu kommen. Der logische Gedankengang dahin wird in folgenden Schritten sichtbar:

2. Die Rolle *Glaube* hat den Vorgang zu moderieren. Sie verlangt von Jedermann zuerst das ausführliche und vollständige christliche Glaubensbekenntnis, das Credo, wie es in der Sonntagsliturgie gesprochen wird. Der Dialog beginnt mit der schadenfroh klingenden Frage des Glaubens:

„Hast mich dein Leben lang verlacht
und Gottes Wort für nichts geacht,
geht nun in deiner Todesstund
ein ander Red' aus deinem Mund?"

Jedermann stottert: „Ich glaub-, ich glaub-"

Das genügt nicht, Jedermann erinnert sich aber:
„O, dass sich meiner Gott erbarm!
Ich glaub an die zwölf Artikel mit Fleiß
die ich von Kindschulzeiten weiß:
Was sie vorstellen ganz und gar
nehm ich für heilig hin und wahr."

Auch das buchstäblich komplette Bekenntnis genügt nicht, vom Sünder wird eine andere, tiefer reichende Leistung verlangt. Darauf Jedermann: Er glaube, dass Gott Geduld habe mit den sündigen Menschen, wenn man rechtzeitig Buße tut. Aber für ihn sei das vorbei, er hat seine Zeit nicht genützt, in seine Lage reicht Gottes Barmherzigkeit nicht erlösend hinein.

Darauf die Moderatorin: Ob er denn ganz und gar in der Wollust seiner Sünde versunken sei. Und sie sagt ihm vor, was sie hören will:
„Glaubst du an Jesu Christ
der von dem Vater kommen ist
Ein Mensch und unsersgleichen worden
von einem irdischen Weibe geboren
und hat in Marterqual sein Leben
um deinetwillen hingegeben
und ist erstanden von dem Tod,
dass du versöhnet seist mit Gott?"

Jedermann antwortet, indem er das Vorgesagte kurz wiederholt, und er stimmt glaubend zu. Aber er vermag es nicht auf sich selbst anzuwenden:
„Von Sünden hab ich einen Berg
so überschwer auf mich geladen,
dass mich Gott gar nicht kann begnaden,
als er der Höchstgerechte ist."

Gott ist der Vergeltende, der Schlagende, genau Strafende. Die Moderatorin verneint das einfach, indem sie wiederholt, was sie eben vorgesagt hat: das Rettungswerk Christi:
„Glaubst du daran in diesem Leben
so ist dir deine Sünd vergeben
und ist gestillet Gottes Zorn."

Indem der sündige Mensch die reale Vorausleistung Gottes glaubt, sie auf sich bezieht und dafür dankt, wird er gerettet, mag er auch ein großer Sünder sein. Genauso geschieht es mit Jedermann. Indem er glaubt, entgeht er der Hölle und wird der himmlischen Seligkeit fähig. Seine Kehre zum Glauben geschieht ganz plötzlich. Da ist zwischen Satz und Satz kein langer Weg, er stimmt sofort zu: Der Text erlaubt keinen Blick in den seelischen Vorgang, das geht offenbar leicht und ohne Hindernis. Das Tempo dieser Verwandlung hat etwas von magischer Schnelligkeit an sich. Von der Angst vor der Hölle geschüttelt kennt Jedermann kein Zögern, keine Überlegung, ob er und wie er die vorgesagte Möglichkeit vor seinem Gewissen verantworten kann. Die erste mögliche Chance wird genützt:

„O, deine Worte sind gelind,
mir ist als wär ich neugeborn
Ich glaube: solang ich atme auf Erden
mag ich durch Christum gerettet werden."

Mit dieser Zustimmung ist das Entscheidende geschehen. Jedermann wird zur Beichte geschickt, es bedarf nur mehr der sakramentalen Anwendung dessen, was Christus ein für allemal an versöhnender Gnade geleistet hat. Dazu gehört ein lautes Reue- und Angstgebet. Dann kommt er zurück, bedankt sich bei *Werke* und *Glaube* für die Hilfe. Vor dem Sterben überkommt ihn noch einmal die Angst, aber seine Begleiterinnen trösten ihn, Jedermann stirbt mit den Worten:

„Wie du mich hast zurückgekauft
so wahre jetzt die Seele mein,
dass sie nit mög verloren sein
und dass sie am jüngsten Tag auffahr
zu dir mit der geretteten Schar."

Die Botschaft

3. Das stärkste Gefühl, das auf die Zuschauer eindringt und sie bewegen soll, ist die Angst. Nicht etwa ein huschendes Schaudern, sondern die elementare, das Leben ganz erfassende Gewalt. Der Theologe Paul Tillich hat in einem historischen Überblick die fundamentalen For-

men dieser seelischen Bewegung dargestellt. Er unterscheidet drei epochale Typen der Angst: Erstens die Angst vor dem Schicksal und dem Tod, die das Dasein in der Welt betrifft. Das war die Angst des Menschen in der Antike. Zweitens die Angst vor der Schuld und der Verdammnis, die moralische Angst in der Kultur des Mittelalters, und drittens die Angst vor der Leere, dem Nichts und der Sinnlosigkeit, die geistige Angst der modernen Zeit. Wenn auch Einteilungen dieser Art immer etwas Allgemeines an sich haben, das die Vielfältigkeit der Erscheinungen überspringt, sie helfen immerhin, eine Ahnung von Ordnung zu haben im schwer überblickbaren Gewühl der Traditionen. In diesem Sinn kann die *Jedermann-Angst* dem zweiten Typus, der mittelalterlichen Form, zugeschrieben werden.[2] Der Hauptton ist der Schrecken vor dem richtenden und verdammenden Gott, die Höllendrohung also. Jedermann möchte noch Zeit haben in der Welt, aber die Frist, um die er bettelt, gilt nicht dem Weltgenuss, nicht dem *carpe diem*, sondern ganz entschieden der guten Sterbestunde, die ihn auf das Gericht Gottes adäquat vorbereitet. Diese Angst ist, wie auch der andauernde Erfolg des Spiels zeigt, keineswegs in der Vergangenheit verschwunden. Da hallt noch vieles nach, und die vergangensten Formen erschließen oft gerade deshalb ihren Zauber, weil sie nicht mehr unmittelbar brennen, sondern in ungefährlicher Distanz genossen werden können.

4. Alfred Polgar hat in einer Rezension geschrieben: „Eigentlich ist es nicht Jedermann schlechtweg, der, mit einer Karte zur Hölle in der Tasche, dank dem Eingreifen einer heiligen Kondukteuse, noch im letzten Augenblick zum Himmel umsteigt. Sondern es ist eben der reiche Jedermann. Also gerade der Nicht-Jedermann. Die Spezialisierung war wichtig, denn aus ihr bezieht das Spiel sein Dramatisches. Ja, fast scheint es, als ob Jedermann auch das feierliche Ritual der Todverkündigung, das erhabene Zeremoniell seines Absterbens seiner sozialen Stellung danke. Der Verdacht besteht, dass für einen armen Schlucker der Himmel keinen solchen Aufwand getrieben hätte. Auch der Tod

2 P. Tillich, Der Mut zum Sein (Gesammelte Werke, Bd. 11), Stuttgart ^{2}1976, 38–54.

hätte sich nicht in Debatten eingelassen und Fristen gewährt, sondern sich vermutlich benommen wie ein schnöder Wachmann: ‚Kommens mit' und fertig." Nicht jedermann wird gespielt in seinem allgemeinen Schicksal, sondern dieser Mann in der Fabel einer feudalkapitalistischen Logik. Die Geschichte sieht aus wie ein Manöver zum bekannten Radikalwort Jesu, *leichter gehe ein Kamel durch das Nadelöhr als ein Reicher in das Himmelreich* (Mt 19,24). Das Stück liefert die Anweisung, wie es doch geht. Verhältnismäßig leicht.

5. Die Reue Jedermanns ist ganz allein bestimmt von der Sorge um sein persönliches Schicksal im Jenseits, das macht ihn zittern und schreien. Da ist keine Rede vom Gutmachen des angerichteten Schadens, nicht einmal das Versprechen, sich zu bessern, ist zu hören, der Vorsatz, wie er in den alten Beichtspiegeln vorgeschrieben ist. Die geschockte Psyche wirft sich dahin, wo ihr Rettung versprochen wird, in der Bewegung eines Reflexes. Die Moderatorin führt das Gnadengespräch ganz in diesem Sinn, sie verlangt nichts als die komplette Überzeugung, dass die rettende Instanz helfen kann und helfen will. Was soll ein simpler Christ, wie ich einer bin, aus der Geschichte für eine Moral schöpfen? Soll ich überhaupt einen ethischen Imperativ hören? Ich soll wohl eher lernen, dass es im äußersten Fall immer noch die Katastrophenhilfe gibt, die unfehlbar wirkt. Könnte die bedingungslose Vorausleistung Gottes nicht auch den Barmherzigkeitsleichtsinn in mir wecken, dem die Formel recht willkommen ist, erspart sie ihm doch die Anstrengung der liebevollen Praxis? Demoralisiert mich das Theatermysterium?

6. Die lange Teufelsszene gehört thematisch zum Auftritt des Mammons, und beide Elemente erinnern sehr deutlich an die Theologie des Loskaufs. Es gibt aus der Antike her eine Tradition, die dem Geld eine zentrale Bedeutung einräumt. Die Erlösung wird von manchen Kirchenvätern verstanden als ein rechtliches Geldgeschäft zwischen Gott und dem Teufel. Durch die Sünde geraten die Menschen in die Herrschaft des Satans, der nun einen rechtlichen Anspruch auf sie hat. Auch Gott respektiert dieses Verhältnis. Da er die Gerechtigkeit liebt, will er

sie selbst dem Teufel gegenüber geschehen lassen. Diesem muss, damit die Menschheit aus dem Bann der Sünde befreit werden kann, ein angemessenes Lösegeld gezahlt werden. Das geschieht durch die Sendung des Sohnes, der Mensch wird und in den Tod geht. Das Leiden des Heilands erscheint im Bild der finanziellen Leistung. Der Teufel vermag freilich den bezahlten Preis nicht zu behalten, weil Christus vollkommen unschuldig und stärker ist als der Tod, diesen außerdem mit überlegener List täuscht. Das Jedermann-Spiel nimmt diese Überlieferung auf und gibt ihr viel Raum. Das zeigt sich klar in der Szene des Teufels, der sich bitter über den Rechtsbruch beklagt, denn er will offenbar von dem Lösegeldgeschäft nichts wissen. Er beharrt auf seinem Anspruch, dass Recht und Gerechtigkeit gewappnet stehn auf meiner Seit, und will seinen Gewinn, die Seele Jedermanns, heimbringen. Aber umsonst, denn Christus hat die Seelen, auch die Seele Jedermanns, zurückerworben und zurückgekauft. Die breite Ausmalung der alten Metapher gibt wie im Schluss von Goethes Faust die Gelegenheit zur ironischen Behandlung des Teufels, dem die Beute entgeht.

7. Was bedeutet die Rolle der *Werke*? Das Wort nennt die Summe des praktischen Lebens, im positiven Sinn die guten Taten. Ihr gegenüber steht die Rolle *Glaube* und über das Verhältnis der beiden wird ein langer Disput geführt. Glaube – das totale Selbstverständnis von Gott her – steht in Konkurrenz zu den Werken. Jedermann fehlt das eine und das andere. Der Reichtum garantiert ihm zwar das weltliche Glück, aber insgesamt wird er ganz negativ gesehen, er glaubt nicht und er tut nichts oder jedenfalls viel zu wenig Gutes. Damit ist die völlige Aussichtslosigkeit im Gericht Gottes angesagt. Die im Stück angebotene Lösung lautet: Das Defizit der Praxis ist nur vom Glauben her zu beheben, die Werke sind quasi der Ruf nach dem Glauben. Ist dieser gefunden, leben die Werke auf. Es wird nicht recht klar, ob der Glaube die Werke ersetzt oder sie ergänzt. Jedermann kann jedenfalls getrost ins Gericht gehen. Er hat den rettenden Text gefunden. Die schließende Formel lautet in der Sprache des deutschen Reformators Philipp Melanchthon: „Ebenso lehrten sie, dass die Menschen vor Gott nicht durch eigene Kräfte, Verdienste oder Werke gerechtfertigt werden kön-

nen, sondern dass sie geschenkweise um Christi willen durch den Glauben gerechtfertigt werden, wenn sie glauben, dass sie in die Gnade aufgenommen und die Sünden vergeben werden um Christi willen, der durch seinen Tod für unsere Sünden Genugtuung geleistet hat …" Das ist ein Stück Schultheologie, recht formelhaft gesagt, wie eben das System funktionieren soll. Ganz nackte Gnade scheint es freilich nicht zu sein, die da am Werk ist, denn mindestens dieses bisschen muss zuwege gebracht werden, damit sich Gott gnädig zeigt: Der Sünder muss glauben, dass für ihn so viel Aufwand getrieben worden ist. Oder ist auch dafür der göttliche Impuls notwendig und das Gnadenspiel liefe ständig im Kreis?

8. Wo der Tod so mächtig auftritt, sucht man ihn bald überall, genügt es nicht, ihm eine spezielle Form zu erlauben. Es wird gefragt, wie in der Alltäglichkeit gestorben wird, wie vor allem das 20. Jahrhundert den Tod in ungeheurer Außergewöhnlichkeit produziert hat in den großen von Europa aus gestarteten Weltkriegen, in den systematischen Vernichtungsaktionen der Lager aller Art, der dreckige, aschgraue, zufällige, plötzliche, massenhafte, nicht mehr zählbare Tod. Eine Fabel, die wirklich Not und Glück des menschlichen Lebens berühren und den Titel *Jedermann* verdienen soll, muss sich heute, in diesem Jahrhundert, in diesem Land, auf diesem Platz vor dem Blick auf die Leichenhaufen bewähren, die am Tag der Befreiung in Mauthausen herumlagen. Die Frage, ob das überhaupt noch in eine darstellbare Geschichte gefasst werden kann, ist bis jetzt nicht beantwortet. Gerade an diesem Punkt wird sich die Phantasie heutiger Zuschauer mitten im Spiel zu bewegen beginnen, auswandern vom Domplatz, fort in die Gegenwart ringsum. In der Andacht des Mitgehens fängt sie an, mit der Fabel zu streiten. Bald stellt sich der Zweifel ein, ob sie weit genug gespannt ist. Die Phantasie muss keine Vorstellungen frei herbeizaubern, um mutwillig und zerstreut die real gespielte Geschichte zu ergänzen. Andere, große, harte Bilder werden ihr gezeigt, sie wird gezwungen, Tode zu sehen, die über den Rand des Mysterienstücks hinausgehen, die sie anrühren in alltäglichen und ungewöhnlichen Variationen, an die das spontane Gefühl gar nicht immer nahe genug herankann.

9. Der Exodus der Augen scheint unvermeidlich zu sein. Heißt das mitten im Spiel ein anderes herbeiwünschen? Oder dem Verfasser im Nachhinein vorschreiben, was er alles darein hätte verpacken sollen? Es ist wohl gescheiter, genau dort zu hören, wo das Spiel spricht, und sich vom Eindruck weitertreiben zu lassen. Dann hebt es sich selbst auf in einen größeren Horizont, den das Leben zieht. So wird es Augenblicke geben, im Erleben der Aufführung oder auf dem Heimweg, da man aus den eigenen Ahnungen und Anschauungen ein neues Stück macht und den Faden weiterdichtet. Das mag wohl der Sinn solcher Spiele überhaupt sein, dass sie uns, so anfanghaft und eng gestrickt sie sein mögen, mit Haut und Haar hineinziehen in das Rätsel, in dem das wahre Leben verborgen liegt. Hugo von Hofmannsthals „Jedermann" vertritt einstweilen die Stelle einer größeren Parabel, die das Ausmaß des gestorbenen Todes überzeugender fasst und überzeugend mit dem Wort der Hoffnung verbindet. Die Szene wartet darauf, dass einmal der Mut und die Kraft zu einem Stück aufbrechen, für das die Kulissen Salzburgs zu klein sein werden.

Meine Empfehlung

10. Ob ich Euch rate, eine Karte zu kaufen? Die Antwort wird etwas holprig ausfallen, sobald ich meine Gutmütigkeit ausschalte und von der Leber weg rede. Wenn ihr meint – was ich nicht vermute –, es gehöre zum angemessenen Bildungsstand, den Jedermann gesehen zu haben, dann leistet Euch die Sache. Ich denke aber, dass die Lücke in der Bildung nicht sehr groß ist, wenn ihr darauf verzichtet, daheim bleibt oder ein anderes Theaterstück erleben wollt, zum Beispiel Nestroys *Höllenangst.* Ich nenne Euch dafür drei Gründe: die Sprache, die Fabel, der Gott. Die Sprache kommt aus dem Mausoleum, es ist das alpenländischkatholische Simplizitätsidiom, etwas deutscher gesagt, die aufgedrehte Künstlichkeit der Einfalt, die mir zugemutet wird. Einmal mehr soll die heilige, alles unterbrechende Andersheit der Religion in diesem verbogenen Sprachspiel erscheinen. Das hat vielleicht mit der Fabel zu tun. Die Geschichte erzwingt den quasi-mittelalterlichen Dialekt, das flach ausgelegte Lehrstück kann gar nicht im heutigen Deutsch gesagt werden. Die tantenhafte Sinnpredigt aus dem Mund

des Glaubens, die Diktion der Gestalten, lauter allegorische Typen, ohne dramatische Steigerung aufgestellt für eine handlungsleere Sammlung von Lehrsätzen, der die ethische Höhe abgeht, weil sie nur von ängstlichem Getriebensein lebt – das alles will ich mir nicht mysteriös servieren lassen. Die Geschichte kenne ich um tausend Ecken herum, beim Lesen schon erlebe ich auf jeder Seite das Aha-Gefühl. Ich zweifle sehr daran, dass dieser Theater-Jedermann das geeignete Paradigma sein soll, an dem sich Gottes Großzügigkeit bewähren kann. Der Gott des Stückes bleibt die ganze Geschichte entlang ein dunkel grollendes Hintergrundwesen, ein polternder Feudalherr, der sich hauptsächlich mit dem Tod bemerkbar macht. Er bleibt den Ausweis seiner Liebenswürdigkeit schuldig.

11. Nun stelle ich mir noch in der buchstäblichen Art des Stückes vor, wohin ich gerate, wenn ich in den Himmel komme, den Jedermann so gierig anstrebt. Ich trete in eine Versammlung ein, in der sich diese Typen zusammenfinden, die Jedermann-Seligkeit. Mag ich da hin? In eine Atmosphäre, die aus lauter Gefühlen der letzten Minute bestehen muss? Die Figur des Jedermann ist ganz und gar, in ihrer weltlichen und religiösen Verfassung, von der Gier nach dem Glück bestimmt. Sie reißt auf Erden und im Himmel das Wohltuende an sich, unten wie oben kapitalistisch gesinnt. Darin soll ich nun, der ich selbst eine dieser Figuren bin, gefangen bleiben? Es kann mir nicht genügen, mich noch schnell auf das Katapult zu schwingen, das mich aus der schieflabilen Welt hinwegbefördert. Der Himmel musste in meiner Vermutung das große Feuer der Metamorphose bedeuten, in dem mir die Gelassenheit der Freude beigebracht wird, ein anderes Mögen. Es ist zu wenig, die Hölle vermeiden zu wollen.

12. Was da gespielt wird, riecht nach der billigen Gnade. Sie kennt die schnell gesagte Formel, die nichts kostet. An diesem Schalter kann sich jeder Schuft, jeder Verbrecher mit einem leichten Schubs in den Himmel davonmachen. Gegen diese Inflation der Barmherzigkeit wehrt sich von Anfang an das spirituelle Gefühl. Kann denn das Mysterium, wie es feierlich genannt wird, so gemeint sein? Sollte Gott nicht das

Herz erobern wollen und dazu die Wurzel des Lebens berühren und heben, so tief hinab wie hoch hinauf, dass kein Zentimeter Hölle unbemerkt bleibt?
Ich dachte mir beim Lesen: Welchen Tod wollen die Leute des Publikums sehen? Den dargestellten, beantworteten Tod? Doch nicht den realen, sondern den Theatertod. Die wohltuende Wirkung der schönen Form, der stimmenden Proportion, das Bild gegen den Tod der zerfließenden Chemie, der Gestaltverwüstung. Die Theatralisierung des Todes macht den Akt ungemein genießbar, der finale Akt wird zum Konsumgut, die Performance deckt seine Wahrheit nicht auf, sondern zu. Der Tod ist auf den Bühnenbrettern nicht zu sehen, weil er aller Darstellung entzogen ist.
Vielleicht ist diese Erfolgsgeschichte auf der barocken Bühne Salzburg in der Hauptsache ein ästhetisches Event, weitab von allen Aktualisierungen, die Jahr für Jahr dem bemoosten Libretto abgewrungen werden, nichts anderes als die Lust an der sakralen Architektur, an der Erhabenheit der Szene, der Virtuosität der Schauspieler, neben der die textliche Botschaft ganz wurscht wird. Je weiter weg die Sprache, je künstlich einfältiger, je weniger jetzt sie tönt, umso spannender ist das Gustostück für das Bürgertum der Geld besitzenden Welt.
Ultimo: Wäre es nicht an der Zeit, in der Rollenbesetzung zu wechseln? Die Frauen repräsentieren der Zahl nach die Menschengattung stärker als die Männer. Daher wäre es keine Überhebung und keine Provokation, wenn ab sofort alternativ von Jahr zu Jahr Jedefrau und Jedermann auf die Bühne gingen. Sollte nicht auch die Buhlschaft glaubhaft von Männern dargestellt werden können?

Priester

Im März 2009 hat Papst Benedikt XVI. anlässlich des 150. Todestages des Pfarrers von Ars ein Jahr der Priester ausgerufen. Der Text antwortet auf das entsprechende Schreiben des Papstes an die Mitbrüder im priesterlichen Dienst.

Sidonia! Honorius!

Im Internet habe ich entdeckt, dass mir der Papst einen Brief geschrieben hat. Vor 150 Jahren starb in Frankreich der heilige Pfarrer von Ars, Johannes Maria Vianney. Das ist für Benedikt XVI. der Anlass, ein *Jahr der Priester* auszurufen und die Aufmerksamkeit in aller Welt auf diesen religiösen Berufsstand zu richten. Ich habe die Epistel gelesen, und das Ergebnis meiner Lektüre ist ein spontanes Flugblatt. Das schicke ich Euch jetzt, weil ihr meine Freunde seid und ich die Hoffnung habe, dass wir dazu ein gelassenes Gespräch haben werden. Wenn Sidonia ihren olympischen Topfenstrudel auf den Tisch bringt, wird es uns leicht fallen, guter Laune zu sein.
Denkt daran: Der Geist weht – wie er will.

Priesterliches

1. Johannes Maria Vianney, der Pfarrer von Ars, ist im Binnenbereich der katholischen Geistlichkeit zu einer vorbildhaften Gestalt geworden.[1] Er galt und gilt für manche heute noch als *der Pfarrer* schlechthin. – Vianney wurde 1786 in Dardilly geboren und starb 1859 in Ars.

---

1 Vgl. J. de Fabrègues, Jean Marie Vianney. Der Zeuge von Ars, Freiburg 1958; B. Nodet (Hg.), Jean-Marie Vianney. Der heilige Pfarrer von Ars in seinen Gesprächen und Predigten, Salzburg 1959; Benedikt XVI., Schreiben zum Beginn des Priesterjahres anlässlich des 150. Jahrestages des *dies natalis* von Johannes Maria Vianney: www.vatican.va.

Er wuchs in einer streng katholischen Bauernfamilie auf, entzog sich in der napoleonischen Zeit dem Militärdienst und erhielt dann auf mühsame Weise im Priesterseminar seine theologische Ausbildung. Als Pfarrer von Ars setzte er sich mit großer Energie für die sittliche und religiöse Läuterung seiner Gemeinde ein. Als Beichtvater, geistlicher Ratgeber, charismatischer Asket und Kämpfer gegen die dämonischen Mächte zog er bald die Aufmerksamkeit der Öffentlichkeit auf sich und wurde von seinen Anhängern überlaufen. Mehrere Male versuchte er aus Ars zu fliehen, wurde aber jedes Mal von seiner Pfarrgemeinde zurückgeholt.
Papst Pius XI. sprach ihn 1925 heilig und ernannte ihn 1929 zum Patron der katholischen Seelsorger.

2. Dieser Vianney sagt in seinen geistlichen Gesprächen und Predigten kolossale Sätze über den Priester, die sich überschlagen und keine Steigerung mehr zulassen. Es mag sein, dass diese Äußerungen für die heutige Generation längst im Grab der Archive vermodern. Papst Benedikt XVI. ist offenbar nicht dieser Meinung. Er hat das Jahr der Priester unter diesen Namen gestellt, hat in seinen Homilien gelesen und holt sie ausdrücklich im Zitat hervor. Er scheint sie ihm nachsagen zu wollen, wenn er auch im kurzen Nebensatz andeutet, dass man die Behauptungen für übertrieben halten könnte. Benedikt XVI. distanziert sich mit keiner Zeile von dem Gesagten. So heißt es also: „Oh, wie groß ist der Priester! … Wenn er sich selbst verstünde, würde er sterben … Gott gehorcht ihm: Er spricht zwei Sätze aus, und auf sein Wort hin steigt der Herr vom Himmel herab und schließt sich in eine kleine Hostie ein." „Ohne das Sakrament der Weihe hätten wir den Herrn nicht. Wer hat ihn da in den Tabernakel gesetzt? Der Priester." „Nach Gott ist der Priester alles! … Erst im Himmel wird er sich selbst recht verstehen." „Ohne den Priester würden der Tod und das Leiden unseres Herrn zu nichts nützen. Der Priester ist es, der das Werk der Erlösung auf Erden fortführt." Das steht so wörtlich geschrieben beim Pfarrer und beim Papst. Und so wie es dasteht, lautet es nicht nur frömmelnd, das Sprachspiel hat in meinem religiösen Gehör etwas Blasphemisches an sich. Es scheint, als seien dem heiligen Priester die Sicherungen

durchgebrannt, sodass seine galoppierenden Superlative querfeldein rennen dürfen. Die Verzückungen, die im Papstbrief den heute lebenden Geistlichen zugemutet werden, sind üppigster Natur. Sie werden wohl nicht allen Priestern und Laien wie Honig in die Seele gehen. Darf man im Namen Jesu so reden, so losgelassen klerikal begeistert sein? Auch die frömmste Frömmigkeit erlaubt solche Sprachspiele nicht.

3. Vianney macht den Priester zur Hauptperson des Erlösungswerkes. Er freut sich kindlich daran, als einfacher Bauernsohn in diese unerhörte Machtstellung eingerückt zu sein, als wirkende Ursache die Gottheit bewegen zu können. Da geht eine starke Lockung auf bestimmte Gemütsverfassungen los. Sie kommt aus der zauberhaften Vorstellung, mit dem metaphysischen Hebel der Wandlungsworte die göttliche Potenz in die Welt hereinbefördern zu können. Die Priester haben in diesem Verständnis ihrer Rolle die Macht und die Aufgabe, den göttlichen Jesus vom Himmel herabzurufen und in den Tabernakel zu setzen. Für die magische Phantasie, die manche Katholiken bewohnt, ist der Priester ein Machthaber, der kraft der Wandlungsworte die Metamorphose vollzieht. So realisiert sich die Lust, mit Gott umgehen zu können, wie mit handlichen Dingen umgegangen wird. Er muss es geschehen lassen. In der Hand des Pfarrers vollzieht sich das Mirakel der Gottesbemächtigung.

4. Liebe Freunde, erinnert Euch an das Gespräch, das wir schon einmal geführt haben. Es ging um die *Wirksamkeit der Sakramente:* Honorius hat dazu ein kleines Protokoll verfasst und darin geschrieben: „Die Sakramente wirken weder nach der Art einer magischen Kraft noch in der Weise eines Befehls, sondern allein als Bitte um das Kommen Gottes. Das gilt sowohl für die Laien wie für die Priester, die an der sakramentalen Liturgie beteiligt sind."
Längst und immer noch ist die Entzauberung der Wandlungsworte nötig. Gewisse Hochwürden freuen sich an ihrer Konsekrationsgewalt wie der Zauberlehrling in Goethes Ballade: *Seine Worte merkt ich und den Brauch und mit Geistesstärke tu ich Wunder auch.* Die Feier der Eucharistie ist aber keine Machtsession, in der das göttliche Manna pro-

duziert wird. Es bedurfte in der Glaubenstradition immer wieder einiger Mühe, das christliche Sakrament aus der magischen Praxis herauszuhalten und zu verstehen, dass es hauptsächlich die Kommunion ist, die es bringt, im elementaren Vorgang des Essens und des Trinkens. Alles, was im Neuen Testament dazu gesagt wird, weist in diese Richtung, lädt nicht ein zur endlosen und oft genug kuriosen Spekulation über das Problem, wie man Jesus in die Hostie kriegt. Den Christen der Anfangszeit ging es um die messianische Gegenwart Jesu, die in markanten Lebenszeichen ausgelegt werden konnte, eben auch im elementaren Vorgang der Nahrungsaufnahme. In diesem Sinn ist Jesus da, und der Priester bringt ihn nicht erst herbei. Seine Gesten und seine Worte sind das konkrete Medium, in dem diese Gegenwart ausgedrückt werden kann. Zur Entzauberung der Wandlungsworte zähle ich eine bestimmte Rangordnung des Interesses, das der glaubende Christ an diesen Vorgängen haben kann.

Erstens geht es um den heilsamen Kontakt mit dem auferstandenen Christus.

Zweitens ist die Art und Weise zu betrachten, wie dieser Kontakt ausgedrückt wird in der Welt der leiblichen Zeichen, im Essen und im Trinken.

Drittens wird die Einmaligkeit dieser Mahlzeit zu beachten sein. Nicht eines der üblichen Nahrungsmittel wird verzehrt, sondern – in paradoxer Rede gesprochen – die Person des Christus.

Viertens ist nicht die Zubereitung der Speise des Heils die Hauptsache, sondern der Genuss. Alle Aufmerksamkeit ist ursprünglich auf den Akt der Vereinigung mit Christus gerichtet. In der Überlieferung hat hier freilich zuweilen auch eine Verdrehung stattgefunden: Die Zubereitung rangiert dann vor dem Essen, die Rezeptforschung und das Kochen vor der Mahlzeit.

Fünftens ist die Hauptperson in der Feier der Eucharistie Jesus Christus, wie die Tradition des Glaubens seit ihren Anfängen unermüdlich betont. Ich zitiere dazu den Dogmatiker Theodor Schneider:

„Es ist mißverständlich und irreführend zu sagen, der Höhepunkt der Eucharistiefeier sei die ‚Wandlung'. Hier sollten wir Paulus folgen: Er hätte mit Heftigkeit darauf bestanden, dass der Höhepunkt, der Zielpunkt des Kommens Jesu Christi, der Sinn der Eucharistie die Kommunion sei, die Vereinigung von Haupt und Gliedern, die Koinonia in ihm, die Einheit Christi in den Christen – und dass man diese Umwandlung, nämlich die Wandlung von ichsüchtigen, sündigen Menschen in geistergriffene Kinder des Vaters, die Verwandlung von vereinzelten Vielen in die Gemeinschaft liebender Brüder und Schwestern mit Fug und Recht den Zielpunkt und Höhepunkt der Sendung Christi und seines Kommens in der Eucharistie nennen müsse."

Jesus ist da im Geist, der das All erfüllt, Jesus ist da in der Gemeinschaft des Glaubens, Jesus ist da in den Sakramenten. In der Krankensalbung ist Jesus so wirklich gegenwärtig wie in der Hostie für die Kommunion. Die Kniebeuge gebührt nicht nur dem Sakrament des Altares, sondern allen Sakramenten, und überhaupt allen Jesuszeichen und Jesusorten in der Welt. Die Gegenwart Jesu ist in den Wortgottesdiensten und anderen Zeichen und Weisen nicht weniger wirklich als im Brot der Eucharistie. Im Sakrament der Ehe ist so viel Jesus wie im Sakrament des Altares. Die Priester sind keineswegs allein und ausschließlich die zuständigen Verwalter der Gegenwart Gottes in der Welt. Gott ist kein Priestermonopol. Wer aus Gründen der kirchlichen Disziplin von der eucharistischen Kommunion ausgeschlossen ist, wie die wiederverheirateten Geschiedenen, muss keineswegs den gnadenhaften Kontakt mit Jesus verlieren. Die vielen anderen Möglichkeiten des Umgangs mit Jesus können genützt werden.

Angenommen – im Gedankenspiel – mit einem Schlag verschwänden aus der Welt alle geweihten Priester, sodass nirgendwo mehr die Messe gelesen werden könnte, die Gegenwart Jesu würde dadurch nicht vermindert, wohl aber verändert, weil das Zeichen der heiligen Mahlzeit nicht mehr vorkommt.

5. Im *Katechismus der Katholischen Kirche Nr. 1374* stehen folgende Sätze über die Gegenwart Christi: „Die Weise der Gegenwart Christi unter den eucharistischen Gestalten ist einzigartig. Sie erhebt die Eucharistie über alle Sakramente, sodass sie gleichsam die Vollendung des geistigen Lebens und das Ziel aller Sakramente ist (Thomas von Aquin). Im heiligsten Sakrament der Eucharistie ist wahrhaft, wirklich und substanzhaft

der Leib und das Blut zusammen mit der Seele und Gottheit unseres Herrn Jesus Christus und daher der ganze Christus enthalten (Konzil von Trient). Diese Gegenwart wird nicht ausschlussweise ‚wirklich' genannt, als ob die anderen nicht ‚wirklich' seien, sondern vorzugsweise, weil sie substantiell ist. In ihr wird nämlich der ganze unversehrte Christus, Gott und Mensch, gegenwärtig (Mysterium fidei)." – Zu diesem Primat der eucharistischen Gegenwart stellt sich die Frage ein, wie es möglich ist und welchen Sinn es haben soll, Christus zu teilen, sozusagen ein dünneres von einem dickeren Sakrament zu unterscheiden. Denn alles, was der Katechismus von der Eucharistiegegenwart sagt, kann nicht nur, sondern *muss* auch von den anderen Sakramenten und sonstigen Gegenwartsformen ausgesagt werden: Christus ist wahrhaft, wirklich, substanzhaft, mit Leib und Blut, Seele und Gottheit da. Was sollte denn einem anderen Sakrament von diesen Vorzügen der Eucharistie fehlen? Der Unterschied in den Zeichen kann nicht hier liegen, sondern ist auf der Ebene der Struktur gegeben. Die Eucharistie ist das Tischsakrament, das die elementare Bedeutung des Nahrungsaktes aufnimmt, in sozialer und biologischer Hinsicht. Der Mehrwert, den die vollständige Eucharistiefeier bringt, besteht also nicht in mehr Gegenwart Jesu, sondern im unverwechselbaren Zeichen der Mahlzeit, in der die Gemeinschaftlichkeit des Glaubens erscheint.

6. Man kann sagen: Die Rolle des Priesters ist in der Kirche notwendig, weil sie ohne das feste Gerüst einer Institution nicht bestehen kann. Zu diesem Dienst am Evangelium gehört das zweifache Charisma der Leitung und der Einweisung (Mystagogie). Diese schlichte Beschreibung der priesterlichen Funktion liegt nahe, weil sie der maßgeblichen Orientierung des frühen Christentums entspricht und die überheblichen, den Standesdünkel fördernden Titel vermeidet. Die inhaltliche Bestimmung dessen, was zur Rolle des Priesters gehört, war in der Tradition variabel, wobei aber der Eucharistie eine verhältnismäßig feste Position zukam.

7. Gott und mit ihm Jesus ist in der Welt kraft seines Geistes gegenwärtig vor allen Tätigkeiten, die von den Priestern ausgehen. Denn Jesus

Christus ist nicht ausschließlich in den sieben sakramentalen Zeichen, sondern in vielen anderen Weisen wirklich gegenwärtig, zum Beispiel in den Segnungen, den Wortgottesdiensten, im Rosenkranzgebet, in der Schriftlesung, in Prozessionen und Wallfahrten, im Helfen und Feiern, in allen Szenen, die in seinem Namen entstehen.
Übrigens: Alle Kirchenbesucher können die komplette Messe mitbeten, die Wandlungsworte eingeschlossen, es darf nur nicht laut und nicht im öffentlichen Amtsgewand geschehen. Niemand kann mit Gewissheit behaupten, dieses Gebet bedeute nichts und werde nicht erhört. Ob das Ergebnis dann Sakrament, Andacht, Gottesdienst oder sonst wie genannt wird, macht keinen großen Unterschied. Es ist immer der ganze Jesus, der die Glaubensgemeinde mit seiner Gegenwart erfreut.

8. Wir erleben zurzeit den Anfang einer neuen Beschreibung der religiösen Kompetenz, ihrer inhaltlichen Bestimmung und der Rollen, in denen sie verwirklicht wird. Die gegenwärtige Notlage muss nicht als Krise des Glaubens erlebt werden. Wahrscheinlich zerbricht nur die überlieferte priesterschaftliche Institution.
In der gegenwärtigen, von der wachsenden Seltenheit der Priester gekennzeichneten Phase gibt es perplexe Reaktionen. Wir erleben eine spontane Aufwertung der Wortgottesdienste und zugleich den kuriosen Rettungsversuch der klerikalen Seite. Nur die priesterliche Liturgie – so der Ukas eines bischöflichen Ordinariates – dürfe *Gottesdienst* genannt werden. Aber allen Sprachregelungen zum Trotz zwingt der Lauf der Dinge zur neuerlichen Reflexion auf den religiösen Stellenwert des Zölibates. Zugleich wird klar, was immer schon ein naheliegender Gedanke war: Es handelt sich dabei nicht nur um die Angelegenheit des Klerus. Die gesamte Laienschaft ist mit ihrer geistlichen Zuständigkeit gerufen. Liebe Sidonia, lieber Honorius, meint ihr nicht auch, dass manches an den Vorgängen, überhaupt der ganze Krisenjargon recht brauchbares Futter wäre für ein Kabarett? Ich sehe vor mir den *mobilen Konsekrator*. Er reist durch die Pfarreien, hält dort in großen Abständen die Messe und konsekriert möglichst viele Hostien, die von den Leitern der Wort(gottes)dienste ausgeteilt werden. Ein Spötter könnte

sagen: Macht es euch bequem, Leute, die Sache ist sehr einfach. Ihr Katholiken habt doch den Papst, der mit der Fülle der sakramentalen Kompetenzen ausgestattet ist. Der Augustus Pontifex kann jeden Sonntag um 12:00 Uhr mittags Brot und Wein konsekrieren, mit Wirkung *urbi et orbi.* In der zentralen Weltkommunion gibt es fortan keine Defizite im Personal. Ein Papst wird sich doch immer finden. Alle, die es wollen, haben das Sakrament. Und der preziöse Zölibat ist gerettet.

9. Daher einige Schlagworte: Jesus ist in der Hostie nicht eingesperrt, nicht aufbewahrt, nicht untergebracht, nicht in den Tabernakeln der Welt verteilt. Er ist da in mahlzeitlichen Zeichen.
Wenn die konsekrierte Hostie zu Boden fällt und zertreten wird, tut es Jesus nicht weh.
Die Priester sündigen am Wohl der Kirche durch die maßlose Übertreibung ihrer Rolle.
Jesus fällt bei der Wandlung nicht in die Hostie herunter.
Wenn ein Priester in eine Bäckerei geht und über Semmeln die Wandlungsworte spricht, geschieht nichts als sein Leichtsinn, oder seine Dummheit oder eine gotteslästerliche Aktion.
„Priestermangel" ist für viele hüben und drüben ein Vokabel, in dem sich die Angst vor dem Verlust der Jesus-Gegenwart verbirgt. Je weniger Priester es gibt, desto Jesus-leerer wird die Welt. Diese Angst ist unnötig. Jesus war Laientheologe.
Wie kommt es, dass Jesus zu seinen Lebzeiten sich zum opferpriesterlichen Kult distanziert verhält, nach seinem Tod aber opferpriesterlich verstanden wird? Was war der auslösende und der treibende Faktor für diesen Wechsel der Perspektive? Die Dramatik der Gewalt und des Blutes?
Die Monstranz sagt weniger: *Schaut doch auf das Wunderbrot!* als vielmehr: *Es ist angerichtet!*
Eine Reihenfolge: Päpstemangel, Bischöfemangel, Priestermangel, Laienmangel, Christenmangel.
Dass die Priester eine besondere Nähe zu Gott haben, wie sie andere nicht haben, ist eine Behauptung dieses Standes.

10. *Absage an die Magie:* 57 Hostien enthalten nicht mehr Jesus als 2 Hostien. – Die Vollmacht des Priesters ist keine Macht. – Die Eucharistie ereignet sich auf der Ebene der Freiheit, nicht auf der Ebene des Zwanges. – Gott bitten heißt eigentlich nichts anderes, als sich ganz in Gottes Hände legen (Ratzinger). – Du kannst darauf bauen, dass der unverfügbare Gott aus freien Stücken zu dir kommt. – Es ist ausgeschlossen, dass der endliche Mensch Gott in den Griff bekommen kann. – Glauben heißt vor Gott alle zwingenden Instrumente aus der Hand legen und alle magischen Wünsche aus dem Herzen tun. Die biblische Religion ist die Schule der Freiheit.

11. *Der Gott des Pfarrers von Ars:* Er ist zuerst und zuletzt die Angst machende Größe. Der finstere Gott, dem die Schmerzen gefallen, der sie zählt und notariell hin und her verrechnet – der Gott des Priesters Vianney. Die Priester der Schmerzensrechnung können sich nicht auf Jesus berufen. Er hat die Hand nicht gegen seinen Leib erhoben. Das taten die römischen Legionäre.
Dieser Stil der Frömmigkeit macht die Religion zur verzweifelten Katastrophenabwehr, die gerade noch das Schlimmste vermeiden will. Gott ist zuerst das *tremendum*, die schreckende Macht. Das *fascinosum*, Gott als anziehende liebenswürdige Wirklichkeit, vermag sich kaum hörbar zu machen. Der Gläubige dieses Stils ist über alles froh, dass man das sakrale Instrumentarium der Kirche, den Priester mit seinen Vollmachten hat. So ist es möglich, Dämme zu bauen. Diesen Gott möchte ich keinem Menschen angetan haben.

12. Der Papst vollbringt nichts Hilfreiches, wenn er heute diese Gestalt des kanonisierten Pfarrers den Priestern als nachahmenswertes Beispiel empfiehlt. Beim Lesen des Papstbriefes drängt sich immer wieder das Wort *primitiv* auf die Zunge. Ich zögere, es herzuschreiben, weil es wie ein Schimpfwort klingen kann. Aber ich komme nicht ohne es aus. Primitiv der Pfarrer, weil er sich geistig nicht weit genug bewegt hat. Primitiv der Papst, weil er die Situation heute sehr wohl kennt und doch nach den Mitteln der frommen Intensität greift, die aus der Zeit der Großväter stammen, statt in redlichem, vernunftgemäßem Stil zur

heutigen Sache zu kommen. Das einfältige, beinahe analphabetische Gemüt, das da gepriesen wird, kann den Postulaten der modernen Bildungskultur nicht gewachsen sein. Ich spüre persönlich ein starkes geistiges Unbehagen bei dem Gedanken, dass ich mich in dieses Modell pressen lassen sollte. Vermutlich wird es Euch auch so gehen, liebe Freunde. Im Klima dieser Äußerungen liegt eine seltsam gemischte Luft, in der sich überschlagende Demutsformeln und die sublimen Gerüche spiritueller Arroganz versammelt haben. Ist das die seelische Form, die heute und morgen die Priester brauchen? Mich wundert sehr, wie schnell der Papst Benedikt in diesen Jargon hinübergewechselt ist, da er doch als der Theologe Ratzinger einer war, der auch der frommen Sprache das Zeugnis der Wahrheit und der sachgemäßen Orientierung abverlangte.

13. Die Spiritualität des französischen Geistlichen war geprägt von exzessiver Angst vor dem Gericht Gottes, von lähmender Todesfurcht, wilder Selbstbestrafung, von Sündensucht und nicht zuletzt von der Unfähigkeit, den armen Leuten, die ihm ausgeliefert waren, die wenigen tröstenden Genüsse in ihrem harten Leben zu gönnen. Der Tanzboden war die Residenz des Teufels, der mit allen Mitteln ausgetrieben werden musste. Vianney macht sich einen sehr simplen Begriff von Sünde und in dieser Gefangenschaft kämpft er gegen das Böse, versucht das Terrain seines Wirkens von allem weltlichen Vergnügen zu reinigen. Er hat seine Auffassung nicht redlich zur Diskussion gestellt, sondern gegen alle dämonische Verunsicherung strikt behauptet. Kann es einem Priester erlaubt sein, sich mit seiner guten Meinung zu begnügen und in ihrer selbstverständlichen Eindeutigkeit darauf loszureden? Ich wette, dass es zur Zeit Vianneys in Frankreich zwanzig Geistliche gegeben hat, die an Redlichkeit, Lebendigkeit des Glaubens und mystischer Kraft ihrer Seelsorge dem Pfarrer von Ars keinen Zoll nachstanden. Was ihnen abging, waren das Extrem und die Erregung. So sah sie niemand, und der Papst redet jetzt nur von ihm.

14. Es gibt in der charakterlichen Entwicklung das Phänomen der gezielten Selbstvereinfachung. Ihr fällt vieles zum Opfer, die Frage, das

Gespräch, der notwendige Zweifel, überhaupt alles komplexe Wesen, mit dem Effekt, dass die Lebensenergie leicht gebündelt werden kann. In dieser Spiritualität steckt auch viel listiges Sinnen und Trachten, weil damit im Himmel der Geschmack Gottes erraten werden soll und auf Erden der große Vorteil der Immunität erzielt wird. Das beliebte Schlupfloch der Einfalt führt aber nicht ins Freie.
Die geistigen Qualitäten Vianneys werden häufig mit negativ klingenden Pathosvokabeln beschrieben wie Idiot, Dummkopf, Trottel, schwacher Verstand. Aber so simpel beschränkt scheint er nicht gewesen zu sein. Die Neuorganisation der Pfarrei, die Gründung von Vereinen, sein entschiedenes Predigen deuten eher darauf hin, dass in diesem Geistlichen eine extrem praktische Vernunft am Werk war. Seine Gefangenschaft in psychischer Hinsicht hieß nicht Dummheit, sondern Angst, war der schiere Schrecken vor dem Jenseits, von dem er in seine asketischen Rasereien getrieben wurde. Das ganze Arsenal der alten Mönchstradition des gewaltsamen Bußkampfes scheint er ausgeschöpft zu haben, in nächtelanger Selbstgeißelung, härtestem Fasten und anhaltendem Verzicht auf den Schlaf, um wach zu sein vor Jesus im Tabernakel.

15. Der Papst deutet sein Wissen um die aktuelle kritische Lage des Priesterstandes unter dem dürftigen Titel *Untreue* an und schreibt wörtlich: „Leider gibt es auch Situationen, die nie genug beklagt werden können, in denen es die Kirche selber ist, die leidet, und zwar wegen der Untreue einiger ihrer Diener. Die Welt findet dann darin Grund zu Anstoß und Ablehnung. Was in solchen Fällen der Kirche am hilfreichsten sein kann, ist weniger die eigensinnige Aufdeckung der Schwächen ihrer Diener, als vielmehr das erneute und frohe Bewußtsein der Größe des Geschenkes Gottes." Ich halte das für spirituelle Fahrlässigkeit, in der dürftigen, herabspielenden Wahrnehmung der Lage, in der Empfehlung, nun erst recht und wie zum Trotz das begeisterte harmonische Lied auf das ideale Geschenk des Priestertums anzustimmen. Eben lese ich am Bildschirm die neueste Skandalmeldung zum Kindesmissbrauch in Deutschland. Wie viele Fälle müssen es noch werden, bis man anfängt, sich einen Gedanken zu machen?

Kann von einem Papst nicht verlangt werden, dass er um die Pflicht der Gleichzeitigkeit weiß und sie zu erfüllen sucht? Dass er als Zeitgenosse zu seinen Zeitgenossen spricht? Es gab an diesem Pfarrer zwielichtige Züge, die wenig geeignet sind, der heutigen Pfarrerschaft als Orientierung zu dienen. Warum nützt Benedikt XVI. nicht die Chance, diesen Lebenslauf mit freundlich kritischen Augen zu lesen? Der unleugbare Prestigeverlust des geistlichen Standes wäre Anlass genug, das Priesterjahr in offener Rede, im Austausch der Meinungen zu begehen. Mit der bloßen Bejahung produziert der Papst spirituelles Vakuum. Ausgerechnet ein Typus der Einfalt soll den katholischen Pfarrer repräsentieren, als wäre diesem in der Gegenwart nicht alles abverlangt, was es an Einsicht und Urteilskraft gibt. Wenn dem Papst zu raten wäre, würde ich ihm für diese Position Johann Michael Sailer (1751–1832) nennen. Oder die französischen Arbeiterpriester.

16. In der alten Welt sprach man vom *kairos*, dem günstigen Augenblick, in dem die Gottheit ihre Winke austeilt, Entscheidungen erleichtert und das Gelingen begünstigt. Die Zeit des Priestermangels könnte ein solcher Augenblick sein. In zwei Aspekten sehe ich das Positive an diesem Zustand, der von vielen eine Notsituation genannt wird. Erstens bietet sich die Chance, die Rollen in der christlichen Glaubensgemeinschaft redlich auszuhandeln und im Blick auf die Gegenwart neu zu ordnen. Warum nicht einmal Kassasturz machen und die vorhandenen Ressourcen des geistlichen Lebens sichten? Der Kirche ist auch aufgetragen, ihre Gestaltungsmöglichkeiten rechtzeitig wahrzunehmen. Zweitens kann durch diese Arbeit an der Struktur klargemacht werden, dass die Sache des Evangeliums vor die Rolle zu stellen ist. So wird es möglich, kirchliches Verstehen und Handeln aus der schiefen Lage des Klerikalismus zu befreien. Der Priestermangel könnte eines der Zeichen der Zeit sein, die es zu erkennen gilt.

17. Für den evangelischen Hagiographen Walter Nigg ist Vianney *Der erleuchtete Idiot.* Er ordnet ihn mit diesem Titel in die Tradition des religiösen Narrentums ein, die immer wieder höchst merkwürdige Gestalten erscheinen hat lassen. So schreibt er, die Vorsehung habe sich

dieses Trottels bedient, um gerade heute ihre Ziele zu erreichen. Das Göttliche erscheine in der aufgeklärten Neuzeit im idiotischen Gewand. Und das wäre dann die Botschaft: Gott setzt in solchen Lebensläufen ein Zeichen, das widersprechen soll und dem widersprochen werden soll. Der einfältige Pfarrer von Ars wäre das Signal des Glaubens in der Dämmerung des gottfremden Zeitgeistes und seiner Gespinste, stark genug, dass man sich im Disput mit den lauten Stimmen der säkularen Welt auf ihn berufen könnte.

Vielleicht hat der Papst diese Möglichkeit vor Augen und er wälzt den Felsen der Naivität heran, damit sich an ihm aller Zweifel auflöst. Ich bin nicht der Meinung, dass eine Aktion dieser Art Erfolg haben kann. Denn in Ehren alles einfache Gemüt, in Ehren vor allem die Entschiedenheit und Buchstäblichkeit des Glaubens – ich habe vor mir eine stotternde Hieroglyphe, der ich, um von ihr lernen zu können, schier alles in den Mund legen muss. Das große Aufsehen, das diese Priestergestalt gemacht hat, kam ja nicht aus der überlegenen Kompetenz in Dingen der pastoralen Arbeit, im spirituellen Können oder in der Einweisung in die theologische Kenntnis des Evangeliums. Es war die nackte Radikalität seiner Aktion. Wieder einmal zeigte sich, was in der Überlieferung längst die Regel geworden ist: Der extreme Ausnahmemensch regt die Leute auf, nicht der ausgewogene gemäßigte Charakter. In manchen Situationen, scheint es, richtet nur die krachende Ungewöhnlichkeit etwas aus, nicht die alltägliche Normalität. Das heißt auch bei Vianney: schroffer Austritt aus dem bürgerlichen Wohlbefinden, Gleichgültigkeit aller Kultur gegenüber, die Arbeit an der exklusiven Aufmerksamkeit für Gott, die alle physischen Kräfte aufzehrt, unbedingte Geschlechtsaskese, die geistliche Rede aufs Geratewohl angelegt. – Wahrscheinlich wird man zugunsten dieses priesterlichen Stils Paulus zitieren und auf seine Rede von der Dummheit Gottes verweisen, die aller menschlichen Weisheit überlegen ist (1 Kor 1–5). Aber der Apostel eignet sich nicht als Patron solcher Konzepte des geistlichen Lebens. In seinem Brief stellt er zum einen den menschlichen Versuch, sich selbst zu begründen in allem, was Sinn, Leben, Dasein bedeuten kann. Zum anderen betont er die von Gott ausgehende Gewissheit, bejaht, getragen, geliebt zu sein. Dafür setzt Paulus sein großes intellektuelles Charisma ein, von dem er keinen Zoll abrückt, wenn es um die Sache des Evangeliums geht. Es mag, meint er, verrückt sein, so auf Gott zu setzen, aber es ist diese Verrücktheit, deren Symbol das Kreuz ist, von der wir leben und alles haben, was uns Hoffnung gibt. Und außerdem: Stellt Euch nur einmal vor, liebe Freunde, Vianney würde seine einfältigen Sätze von der Gott produzierenden Macht des Priesters einem der Propheten Israels vorsagen. Der Priester als Gottbeweger, Gottmacher, Gottberührer, der exklusive Gotteshandwerker. Hochwürden müsste schroffste Zurechtweisungen erleben und an den Namen Gottes erinnert werden, der im Buch Exodus überliefert ist: er nennt sich der *Ich-bin-da*. Diese Gegenwart ist seine ureigene Freiheit, in gar keiner Hinsicht eine Leistung der Priesterschaft. Das sollte in keinem Sprachspiel übersehen werden, auch nicht im kindlich-symbolischen Jargon der Begeisterung. Gott ist da – das bedeutet ursprünglichste, uneinholbare Selbstvergegenwärtigung.

18. Daher noch einige Schlagworte: Es genügt nicht, einfach zu sein, um in das Schema des Evangeliums zu passen. Man muss auch Verstand anwenden, ihr Gottesleute!

Vianney wörtlich: „Man muss lernen, die Erde gering zu achten, sie ist Staub, sie ist nichts. – Unseren Leib haben wir nur, um ihn zu verachten. – Es gibt kein Gebot Gottes, zu dessen Übertretung, und kein Sakrament, zu dessen Schändung der Tanz nicht führt.“ An die Weisheit der kirchlichen Urteile glauben? Vianney lebt in der Sünde gröbster Weltverneinung und wird dafür heiliggesprochen.

Der Wasser zu Wein machende Jesus, der als Säufer und Fresser Beschimpfte, der Freund geselliger Zusammenkünfte, der Frühstückszubereiter, der sich von Masseusen behandeln lässt, hätte beim eifrigen Pfarrer von Ars keine Chance.

Das Priestertum erlaubt den seltsamsten Individuen, im Schutz und im Schmuck der allerhöchsten Bedeutung aufzutreten.

Wer bist du denn, sagt man sich dann und wann, dass du alle Tage ein gutes Beispiel brauchst, das dir gegeben wird, und ein möglichst hoch gebautes Ideal? Oder mindestens gute, heilige Priester? Wo steckt der Schub in deiner Seele, der dich in Bewegung bringt? Das kann dir doch nicht alles geliehen werden. Irgendwo und irgendwann müsstest du selbst sagen: Beispiel und Priester hin oder her, ich will es, ich mag es, ich wette darauf mit allen Einsätzen, die ich in mir zusammenkratze. Das soll es sein!

Seltsames Zitat aus dem Philipperbrief: „Aber was liegt daran? Auf jede Weise, ob in unlauterer oder lauterer Absicht, wird Christus verkündigt. Und darüber freue ich mich"(Phil 1,18). Paulus meint, der Sachbezug sei entscheidend, nicht der Blick auf möglichst eindeutig motivierte Individuen.

Das sympathisch Ritterliche an Vianney ist seine Bußrechnung. Das Beichtkind bekommt einen kleinen Teil Buße zu tragen, und den gewaltigen Rest bezahlt er, in der Nacht, im Keller, mit der blutigen Geißel auf seinem Körper. So überlistet er seinen genau kalkulierenden Gott.

Vianney wörtlich: *„Man tut viel mehr für Gott, wenn man die Dinge ohne Lust und Freude macht."* – *„Ein guter Christ soll sich auf dieser Welt nicht wohlfühlen."* – *„Die Schmerzen, die Leiden, die Gebrechen sind das Glück der vollkommenen Seelen."* – So redet der Pfarrer jahraus, jahrein auf seine Gemeinde herab. Sie hört ihm zu, glaubt und vertraut ihm. Er begeht die Sünde des Missbrauchs, nicht an Kindern, aber gewiss an Menschen, die ihm mit ihren Gefühlen ausgesetzt sind. Es gibt eine Kriminalität geistlicher Art. Eine Seele, getrieben und gejagt von der gnadenlos rechnenden Gottheit. Sie mag nicht aufhören, ihre Stimmung weiterzutragen. Jede Regung von Vergnügen, Lust und Wohlgeschmack muss durch eine gehörige Portion Bitterkeit, durch Schmerzen und Ekel aufgewogen werden. Die Pfarre soll sich in ein Kloster der Büßer verwandeln. Der Prediger holt darum alle Beispiele für gutes Leben aus den Schriften der radikalen Mönchsväter. So bleibt denn auch die Ehe links liegen, eine Verlegenheit, über die besser geschwiegen wird. Die Mehrzahl der Menschen kommt in die Hölle, nur wenige der verheirateten Christen schaffen es, genug Buße zu tun, dass sie das Himmelstor erreichen. Gott befindet sich im Zustand des dauernden Beleidigtseins, seine Gereiztheit wird dazu führen, dass er der Welt bald ein Ende macht. Wir sind, so scheint es, nicht auf der Welt, um sie zu bewohnen, sondern um so rasch wie möglich die Seele zu retten und atemlos die brenzlige Schöpfung hinter uns zu lassen.

Stimme eines Freundes: „Was mich verblüfft am Pfarrer und am Papst: die ungebremste Unbescheidenheit, die in der Maske der Demut auftritt. Von dieser ist im Brief reichlich die Rede, und ich will auch nicht daran zweifeln, dass es der individuellen Haltung nach Priester gibt, die ihre Rolle in überzeugender Bescheidenheit leben. Die Arroganz liegt in der amtlichen, institutionellen Rolle, im Übermaß an Bedeutung, das sich die Gruppe der Kleriker zumisst." Der Klerikalbazillus ist ein beliebtes Haustier.

19. Zur *Entzauberung der Wandlungsworte.* Im Hintergrund der sakramentalen Frömmigkeit und mancher Theologie hat sich eine starke Faszination festgesetzt, die mit dem spontanen Wirklichkeitsgefühl verbunden ist. Wirklich wird demnach etwas durch eine bestimmte Art des Machens. Das Tun des Priesters an der Hostie und am Wein wird als herstellende Ursächlichkeit (*causa efficiens*) beschrieben, er *macht* die Gegenwart Jesu Christi, indem er die Wandlungsworte spricht. Die Wirkung geschieht in der Form einer zwingenden Automatik, wie wenn jemand ein Auto startet. Für gewisse Mentalitäten gilt diese Form der Ursächlichkeit als die überlegene Stiftung der Wirklichkeit. Daher wird sie gern für die Eucharistie reserviert. Die anderen Sakramente werden nicht in dieser Weise konstruiert. Das Schlüssel- und Zauberwort heißt demnach *reale Präsenz, wirkliche Gegenwart.* – Können wir in diesem Stil von unserem Umgang mit Gott reden? Mir kommt das ganz unmöglich vor. Man landet mit dieser Sprache geradenwegs in der massivsten magischen Logik. Die göttliche Wirklichkeit ist für die Menschen nicht anders als auf dem Weg der Freiheit zu erreichen. Und die Sprache der Freiheit ist der werbende Ruf, die Bitte. Der Priester spricht im Auftrag Jesu die Bitte um sein Kommen, getragen vom Vertrauen in die verlässliche Zusage der Gegenwart. Was geschieht also bei der Wandlung? Nichts anderes als bei jedem anderen Sakrament, nichts anderes auch als bei den verschiedenen Versammlungen im Namen Jesu, für die er versprochen hat, er werde mitten unter ihnen sein (Mt 8,20). Und alle Gegenwart Christi ist real, wie sie realer nicht sein kann. Da ist nichts zu hebeln oder zu zwingen in der Art, wie der Prediger Vianney es fromm von sich gibt: „*Seht die Macht*

des Priesters! Die Zunge des Priesters macht aus einem Stück Brot einen Gott! Das ist mehr, als die Welt zu erschaffen." – „Ich bin im Begriff, den lieben Gott zu berühren, ihn herabzuzwingen, und ihr wollt nicht, dass ich mich darauf vorbereite?"

20. Vielleicht wird Sidonia an dieser Stelle ihre Mahnung wiederholen, die sie einmal ausgesprochen hat, mitten hinein in unseren dann und wann durch die Stimmung flatternden Kirchenmissmut. Es gebe doch auch Geistliche, für die das Wort Jesu gilt: *Sieh da, ein echter Israelit, an dem keine Falschheit ist* (Joh 11,47). Dürfen wir denn entmutigend reden, die dicke Luft um diesen Stand noch dicker machen? Liebe Sidonia, Pauschalverleumdungen habe ich gewiss nicht im Sinn. Aber Wehleidigkeit ist denn auch nicht am Platz. Es gibt einen priesterlichen Übermut, der nicht nur in spirituellen Winkeln kocht, sondern sich in den Köpfen der Leitung festsetzt. Ich bleibe dabei und will es auch gesagt haben: Das Kostbarste, das uns geschenkt ist, heißt JESUS, nicht Petrus, nicht Benedikt, nicht Hochwürden so und so, denn das ist vor und nach einer Priesterweihe wahr: die Christus-Gnade wird nicht ausschließlich in den Kanälen der sieben Sakramente mitgeteilt, sie überflutet das All der Dinge. Nicht die Weihe, sondern die Taufe ist das elementare Sakrament, das auch von Laien vollzogen werden kann (CIC Can. 230 § 3). Die allerhöchsten Aufträge ändern nichts an den Proportionen: Der Prophet wird nicht zu Gott, von dem er zu reden hat, so wenig, wie der Kurier des Kaisers sich für den Kaiser halten darf. Wenn christlich von der Gegenwart Gottes gesprochen wird, sind vier Aspekte zu nennen:
- die Gegenwart von der Schöpfung her,
- die Gegenwart von Jesus Christus her,
- die Gegenwart in den sieben Sakramenten,
- die Gegenwart in der Eucharistie.

Diese Weisen der Gegenwart kreisen ineinander, sie sind alle wirklich, sie überbieten sich nicht, verändern sich aber in der Form ihres Ausdrucks.

Der gegenwärtige Jesus erscheint im Zeichen *Essen und Trinken.* Das Geschehen in der Eucharistie geht also nicht von 0 % auf 100 %, son-

dern immer von 100 % auf 100 % Gegenwart. Die Wandlung betrifft nicht die Gegenwart als solche, sondern ihren Modus.
Dem Priester ist ein schönes Werk aufgetragen. In der Gemeinschaft des Glaubens den Namen Jesus ausrufen, essen und trinken in der Tischrunde, die er bestellt hat, sein Wort suchen und verstehen, Freude haben an seinem Dasein. Das ist mehr als genug, und alles Streiten um die sakralen Befugnisse mag überflüssig erscheinen. Es ist aber an der Zeit, den Dienst am Evangelium aus den alten gesetzlichen Grenzen zu lösen. Alles spricht dafür, dass die Erfahrungen mit dem bisher praktizierten Modell des ehelosen Mannes ausgeschöpft sind. In der Jesus-Sache steckt genug Potential, das sehr neue Formen der Zeugenschaft entstehen lassen kann, jenseits von Mitra und Hirtenstab.

Liebe Freunde, ich habe Euch in der ersten Aufwallung meines Empfindens geschrieben. Nun erwarte ich von unserem Gespräch, dass wir *sine ira et studio* reden. Wir haben uns darin schon oft geübt, und in meinem Gefühl hat es immer wohlgetan, gerade wenn es uns gelang, unverfroren zu sein, im Rauschen der Sprachspiele den Unterschied zu spüren zwischen dem frommen Gebläse und dem Wehen des Geistes.

Weg Messe

Wie verpflichtend ist die tradierte Sprachform der Hochgebete für die Eucharistiefeier? Der vorliegende Text, der auf Gespräche über zeitgemäße liturgische Ausdrucksformen zurückgeht, stellt insbesondere die Konzentration auf den Opfergedanken in Frage und versucht, die liturgischen Texte im Sprachspiel des Weges und der Bitte zu reformulieren. Damit lässt sich die Engführung auf das Erlösungsgeschehen am Kreuz nachhaltig aufbrechen.

Die Sprache der Liturgie ist ein offenes Geschehen, das im Lauf der Zeit großen und notwendigen Wandlungen ausgesetzt ist. Darum wird hier der Versuch gemacht, der sprachlichen Fassung der Eucharistie neue Aufmerksamkeit zu schenken. Es soll nichts eliminiert werden aus dem reichen, ehrwürdigen Bestand der liturgischen Formen, die im christlichen Kult überliefert sind. Wir lassen nichts Gültiges weg, sondern suchen die Alternative, die vollständigere Form des Sprachspiels im christlichen Gottesdienst, in dem bis auf den heutigen Tag die Blut- und Opfersprache dominiert.

Das soll geschehen in der Erinnerung an das elementare Zeichen des Weges. Dieses spricht nicht schwächer, sagt nicht weniger und lässt nichts einfach weg. Die bewegte Treue der Dichter des Anfangs war imstande, die Sache des Evangeliums in ihrer Sprache zu sagen. Das scheint auch in der Gegenwart eine Aufgabe zu sein. Seit langem ist die Theologie des Kreuzes nicht nur eine gern bezeugte Wahrheit des Glaubens, sondern auch das Beispiel einer Lehre, die der kritischen Betrachtung ausgesetzt ist. Im Rahmen eines totalen Leidensprogramms wird Jesus von Anfang an auf das Kreuz hin entworfen und ganz und gar der Funktion des messianischen Hilfebringers unterstellt. Erreicht diese Perspektive auch wirklich die religiöse Aktion Jesu? Wie steht es mit der Schöpfungsfrömmigkeit des Messias? Auch die Sprache des Gottesdienstes wird in dieser Tendenz einer Engführung unterworfen. Das Ensemble der Zeichen ist wie selbstverständlich von Kriterien be-

herrscht, die allein den Schmerz gelten lassen, das Blut, die Schläge, den Galgen, das geschlachtete Lamm, das Opfer.
Der Weg-Kanon, den ich hier als Skizze vorlege, soll der Erinnerung dienen, dass der Weg eine ursprüngliche Wirklichkeit nennt, die zentral, elementar, durchaus nicht zufällig oder beliebig das menschliche Leben bestimmt.
In dieser elementaren Form kommt in der biblischen Geschichte vieles zur Sprache. Die großen Dinge, die sich begeben, das Wort und das Sakrament, die geistliche Wegzehrung für die christliche Pilgerschaft auf Erden. Die Be-Weg-ung der Sprache ist sichtbar an den maßgebenden Gestalten Abraham, Moses, Israel, Paulus und an Jesus im Besonderen. Er sitzt nicht in einem Lehrhaus, sondern Jesus bringt sein Wort unterwegs zu den Leuten, Jesus als der Geher. Die Apostel gehen mit ihm, ihm nach, werden selbst durch Jesus bewegte Beweger. Darum ist es wohl begründet, wenn wir die Eucharistie als Sprachspiel Weg stärker beachten und im Vollzug der Liturgie hörbar machen.

Biblische Weg-Sätze

Er (Gott) vertrieb den Menschen und stellte östlich des Gartens von Eden die Kerubim auf und das lodernde Flammenschwert, damit sie den Weg zum Baum des Lebens bewachten. – (Gen 3,24)
Der Herr sprach zu Abram: Zieh weg aus deinem Land, von deiner Verwandtschaft und aus deinem Vaterhaus in das Land, das ich dir zeigen werde. – (Gen 12,1)
Der Herr zog vor ihnen her, bei Tag in einer Wolkensäule, um ihnen den Weg zu zeigen, bei Nacht in einer Feuersäule, um ihnen zu leuchten. So konnten sie Tag und Nacht unterwegs sein. – (Ex 13,21)
Ich (Jahwe) werde einen Engel schicken, der dir vorausgeht. Er soll dich auf dem Weg schützen und dich an den Ort bringen, den ich bestimmt habe. Achte auf ihn und höre seine Stimme! – (Ex 23,20–21)
Wohl dem Mann, der nicht dem Rat der Frevler folgt, nicht auf dem Weg der Sünder geht. – (Ps 1,1)
Zeige mir, Herr, deine Wege, lehre mich deine Pfade! – (Ps 25,4)

Ich wählte den Weg der Wahrheit. – (Ps 119,30)
Einen Lebenspfad zur Höhe gibt es für den Klugen, damit er der Totenwelt drunten entgeht. – (Spr 15,24)
Meine Gedanken sind nicht eure Gedanken und eure Wege sind nicht meine Wege – Spruch des Herrn – (Jes 55,8)
Geht durch das enge Tor! Denn das Tor ist weit, das ins Verderben führt, und der Weg dahin ist breit und viele gehen auf ihm. Aber das Tor, das zum Leben führt, ist eng und der Weg dahin ist schmal und nur wenige finden ihn. – (Mt 7,13–14)
Die Füchse haben ihre Höhlen und die Vögel ihre Nester; der Menschensohn aber hat keinen Ort, wo er sein Haupt hinlegen kann. – (Mt 8,20)
Ich bin der Weg, die Wahrheit und das Leben; niemand kommt zum Vater außer durch mich. – (Joh 14,6)
O Tiefe des Reichtums, der Weisheit und der Erkenntnis Gottes! Wie unergründlich sind seine Entscheidungen, wie unerforschlich seine Wege! – (Röm 11,33)

Introitus

Wir machen uns auf den Weg des Gebetes. Unsere Aufmerksamkeit wendet sich zu Gott und seine heilige Welt. Die Andacht, die wir suchen, ergreift den Leib und die Seele, alle Dinge und Gefühle, die zu unserem Leben gehören. So versuchen wir uns einzustimmen und bekennen im Schwellengebet den Zustand der Schuld, wir richten unsere Gedanken auf das Wort des Evangeliums und lassen uns tragen von der heiligen Gegenwart Gottes. Die geltende Ordnung der Liturgie wird nicht geändert, sondern sinnvoll ergänzt. Die Schwelle *liegt vor allen, die zur Feier kommen, betrifft alle ihre Zustände, Bedürfnisse und Wünsche.*
Daher können am Anfang neben dem Sündenbekenntnis auch andere Gebete und Meditationen stehen:

* Psalm des Zacharias (Lk 1,68–79)
* Psalmen der Wallfahrt, der Bewegung (Ps 1; 23; 42; 77; 105; 119; 121)
* Groß bist du, Herr, und hoch zu preisen (Ps 145,31)
  groß ist deine Kraft und ohne Grenzen

deine Weisheit (Ps 147,5). Preisen will dich
der Mensch, ein winziges Stück Kreatur von dir,
der Mensch, der mit sich schleppt seine Sterblichkeit,
mit sich schleppt das Zeugnis seiner Sünde.
Und doch will dich preisen der Mensch,
ein winziges Stück Kreatur von dir. Du treibst ihn,
dass dich zu preisen Wonne ist für ihn.
weil du uns schufest zu dir hin,
und ruhelos ist unser Herz, bis es ruht in dir.
(Augustinus Confessiones 1).
* Wir kommen zu dir,
ewiger heiliger Gott,
der du längst bei uns bist,
wie Vater und Mutter
bei den Kindern sind.
Wir kommen mit Jesus,
dem Herzog des Glaubens,
der den Weg kennt.
Wir kommen im Heiligen Geist,
der das Herz öffnet für
die Wahrheit und das Leben.
* Mit Jesus
sind wir nicht mehr Knechte,
sondern Freunde,
mit Jesus
sind wir nicht mehr versperrt
im Gefängnis der Angst,
mit Jesus
sehen wir den Weg,
der ins Freie führt.
* Wessobrunner Gebet
Das erfragte ich unter den Sterblichen
als der Wunder Größtes,
dass die Erde nicht war noch oben der Himmel,
noch ein Baum, noch ein Berg nicht war,

noch irgendetwas, noch die Sonne schien,
noch der Mond leuchtete, noch das Meer war.
Als da nichts war an Enden und Wenden,
da war der eine allmächtige Gott.

Einzelne sprachliche Änderungen:
Schott A: 349 – 2. Zeile von oben: Einladung zum Schuldbekenntnis lautet: „Bevor wir das Wort hören und das *Opfer* Christi feiern" – dafür soll es heißen: „und das *Gedächtnis Jesu* feiern"
Schott A: 353 – 3. Zeile von oben: im Gloria heißt es: „Herr und Gott, *Lamm* Gottes, Sohn des Vaters" – dafür soll es heißen: „Herr und Gott, *Wort* Gottes ..."

Lesungen

Jesus ist in einem der Weg und das Wegzeichen und die Wegzehrung. Er hat sein Leben zum Weg gemacht, seine Gegenwart damit verbunden, herzhaft mit Leib und Blut, dass er betet mit seinem Leben. Niedergeschlagen in den Tod, lässt er sich nicht aufhalten auf seinem Weg und trägt alles mit in seinem Gebet.
In seinem Leben und seiner Weisheit wandelt sich das verzehrende Wesen in die Kraft des Gebens, dass unser Leben nicht verschlungen wird von den Mächten und Gewalten, die das Sein in der Welt unsicher machen. Durch Jesus lernen wir geben und nehmen zugunsten des Lebens, zur Heilung unserer Begierden, zur Vergebung der Schuld, zur Reinigung des Gewissens.
Einzelne sprachliche Änderungen:
Schott A: 356 – 1. Zeile von unten („und ist Mensch geworden"): Im Großen Glaubensbekenntnis ist folgender Satz einzufügen: „Er hat die Gastfreundschaft der Geschöpfe erlebt und es für wert gehalten, mit ihnen die Wege der Welt zu gehen."
Schott A: 360 – 15. Zeile von unten, nach: „geboren von der Jungfrau Maria" ist einzufügen: „*den Menschen gleich, sein Leben war das eines Menschen*".

Gabenbereitung

Der Reichtum Gottes an Sein, Macht und unlöschbarer Seligkeit macht aus unserem Geben, Schenken, Bringen und Opfern einen sehr eigentümlichen, einzigartigen Vorgang. Wir werden in der Bibel darüber belehrt, dass wir Gott weder bereichern noch bestechen können noch irgendwie besänftigen müssen. Das folgende Gebet kann verteilt gesprochen werden, von mehreren Personen. Der Zelebrant bereitet indessen auf dem Altar Brot und Wein.

Gott,
Segen, Fülle, neidloser Reichtum,
du bist viel mehr der Gebende
als der Nehmende.
Wir bringen dir nichts zurück,
wir sind dankbar,
dass du uns das Leben gegeben hast
und uns erhältst mit allen Geschöpfen,
den Tieren und Pflanzen,
den Elementen der Welt.
Du hast uns gehend gemacht
In deinem Garten, in der Wildnis
der Natur, du hast uns Zeit gegeben,
die Räume aufgetan,
dass uns das Herz schlägt
in der Freude an deinem Reichtum.
Das Brot, das wir jetzt essen,
der Wein, den wir trinken,
sind die Zeichen deines Segens
und deiner Liebe.
Das Gift der Bosheit,
die Gier und das Schlingen
reißen an unserem Gewissen,
machen uns atemlos und anfällig
für alle groben Wünsche.
Sprich uns los davon.

Und gib uns ein neues Herz.
Als das Elend der Sünde groß wurde im Menschenland, wuchs deine Gnade über sie hinaus. Du kommst unseren Bitten und Gaben zuvor.
Wir haben nichts, was wir nicht von dir erhalten. Wir müssen dich nicht bewegen, du bist längst auf dem Weg zu uns.
Da ist das Brot, das wir gebacken haben,
da ist der Wein, den wir gekeltert haben,
da sind wir, hungernd und dürstend
nach dem Wort, nach dem Licht, nach der Wahrheit.

Einzelne sprachliche Änderungen:
Schott A: 363 – 10. Zeile von unten: Begleitgebete zur Gabenbereitung: soll es statt „gib dass unser *Opfer* dir gefalle" heißen: „gib, dass unser *Leben* dir gefalle".
Schott A: 364 – 3. und 5. Zeile von oben: statt „mein und euer *Opfer*" soll es heißen: „mein und euer *Gebet*".

Präfationen

Auf den Weg gebracht
In Wahrheit ist es würdig und recht, dir, heiliger, ewiger Gott, mit Leib und Seele unsere Dankbarkeit zu sagen. In mütterlicher und väterlicher Liebe bist du alle Tage mit uns. Denn Jesus ist gekommen als das Bild des unsichtbaren Gottes, der Erstgeborene der ganzen Schöpfung. In ihm wurde alles erschaffen im Himmel und auf Erden, das Sichtbare und das Unsichtbare. Er ist der Ursprung, in dem alles herkommt, der Weg des Lebens heute und morgen. Darum singen wir dir, heiliger Gott, Lieder des Lobes und der Freude, mit allen Geschöpfen, die im Himmel und auf Erden ihr Leben haben, in deiner Macht und Herrlichkeit:
Heilig …

Jesus auf dem Weg mit uns
In Wahrheit ist es würdig und recht, dir, heiliger Gott, dankbar zu sein, der du mütterlich bist und väterlich zu uns. Denn du machst unser Herz stark. Wir sind nicht allein in der Welt, die du geschaffen hast. Jesus begleitet uns, in den Zeiten der Not und der Ungewissheit, wie in den Tagen der Freude, in der hellen Schönheit der Schöpfung. Wo zwei oder drei versammelt sind in seinem Namen, da ist er mitten unter ihnen. Wir sehen ihn nicht mit leiblichen Augen, aber der Geist des Glaubens zeigt uns sein Gesicht, seinen Namen und seine Liebe, bis auf den Tag, an dem alle Verhüllung von uns genommen wird. Daher trägt uns die Hoffnung, singt in uns die Freude, und wir spüren, wie uns alles zustimmt, die Sterne, die Elemente, die unzählige Schar deiner Geschöpfe:
Heilig …

Im Ziel aller Wege
In Wahrheit ist es würdig und recht, dir, heiliger Gott, dankbar zu sein, der du mütterlich bist und väterlich zu uns. Denn mit Jesus, dem Messias, erreichen wir das Ziel aller Wege, entziffern sich die Rätsel, die uns bedrängen, kommt das Recht zu seinem Wort, sehen wir, statt zu vermuten, freuen wir uns an der Sprache, die wir alle füreinander haben, sind wir fähig geworden, den Geschmack der Dinge zu kosten und furchtlos den Tanz des Universums wahrzunehmen. Denn aus der Seele wird genommen die Angst, und aus dem Gesicht verschwinden die Tränen: So geht uns das Herz über und wir singen mit den Cherubim und Seraphim, mit Raphael und Michael und Gabriel, mit den Engeln der Höhe und der Tiefe die Psalmen des Lobes:
Heilig …

Gebet über Brot und Wein

Heiliger Gott, im Namen und im Geist Jesu danken wir für das Leben in deinem Reich, in das du uns berufen hast. Er ist uns vorausgegangen, als der Urheber und Hirte des Glaubens, der getreue Zeuge der Wahrheit und der Kenner des Weges, der zu dir führt. Die Finsternis des Todes hat nach ihm gegriffen, aber sie hat ihn nicht verschlungen. Er ist auferstanden in dein ewiges Licht und bringt auch uns dahin, wenn die Stunde des Heils gekommen ist.

Wir sind dankbar für das Gute, das wir von Jesus haben. Er gibt uns die Gewissheit, dass die göttliche Macht liebevoll geübt wird und Liebe sein will bis auf den Grund der Dinge. Er heißt Emmanuel, Gott mit uns, denn er hat alles bestanden, das Leben und den Tod, die Freundschaft und die Gewalt, die Mächte der Verführung und die Weisheit der Schöpfung. In Gott, dem Vater der Gestirne (Jak 1,17), ist keine Finsternis.

Darum ist sein Name geliebt in unserer Gemeinschaft des Glaubens. Wir halten heilig das Wort, das von ihm ausgeht und ehrfürchtig gesagt wird bis heute. Zuletzt, als die Stunde gekommen war, machte er sich mit den Jüngern auf den Weg nach Jerusalem. Jesus ließ das Pascha-Mahl zubereiten, und sie aßen das Lamm. Da er wusste, welcher Weg vor ihm lag, nahm er das Brot, segnete es und sprach:

Das ist mein Leib, der für euch hingegeben wird.

Als sie gegessen hatten, nahm er auch den Becher, segnete ihn und sprach:

Nehmt und trinkt alle daraus:
Das ist der Kelch des neuen und ewigen Bundes,
mein Blut, das für euch und für alle vergossen wird
zur Vergebung der Sünden.
Tut dies zu meinem Gedächtnis.
Das Geheimnis des Glaubens: Deinen Tod, o Herr,
verkünden wir, deine Auferstehung preisen wir,
bis du kommst in Herrlichkeit.

Jesus, der Messias, hat uns zusammengeholt, dass wir an seinem Tisch die Gemeinschaft sein können, in der alle deine Nähe erleben, ewiger Gott, mütterlich und väterlich. Sie mögen leben in deinem Segen: Die Jungen, die Alten, die Gesunden und Kranken, die Helfer und die Unbeholfenen, die Laien und die amtlichen Priester, die Frauen und die Männer. Deine Freude soll in ihr Herz gehen, in allen Zuständen des Lebens sie tragen und trösten.

Wir bitten dich für das weit verstreute Menschenvolk, zu dem wir gehören. Wir wissen oft nicht aus und ein auf den Wegen der Welt. Wir suchen die Weisheit und entdecken die eigene Begierde. Hilf uns Gerechtigkeit finden und das Gefühl für die Wesen, die mit uns erschaffen sind, die Tiere, Pflanzen und Dinge. Dein Geist sei mit uns und leite uns auf den Wegen der Einsicht und der Liebe.
Unser Herz sucht die Toten. Sie sind dahingegangen aus der Welt, wir finden sie nicht mehr auf der Erde. Aber du, ewiger Gott des Lebens, kennst sie. Du weißt um sie mit Namen und Gesicht. Keiner ist verschwunden in der Vergessenheit, die alles löscht. Du hast sie mit uns in deine Hand geschrieben. Sie bleiben in deinem Leben.
Die Gewalt in den unzählbaren Jahren der Schöpfung, die wir nicht überblicken, schreckt uns. Aber wir wissen, dass alles in deinen Händen liegt.
Wir setzen keine Grenze in unserem Gebet, denn es ist dein heiliger Wille, dass alle Menschen gerettet werden und zur Erkenntnis der Wahrheit gelangen.
Wir richten unser Leben aus nach den Worten und Taten Jesu, deines Sohnes.
Alle, der Zelebrant Kelch und Hostie zeigend:
Wir leben mit Jesus
Wir sterben mit Jesus
Wir gehen mit Jesus
Das *Vater unser* wird mit der Doxologie geschlossen:
„Denn Dein ist das Reich …"

Kommunion

Dem gemeinschaftlichen Charakter der Verteilung des Sakramentes entspricht es, dass die Gebete hier verteilt gesprochen werden: Priester, Vorbeter, Frauen … Die Lamm-Gottes-Litanei wird ersetzt durch die folgenden Ruf-Gebete. Dabei bricht der Priester die Hostie.

Zelebrant: Jesus, du bist das Brot des Segens – *Alle:* Das Wort, das uns nährt zum ewigen Leben
Zelebrant: Jesus, du bist das Brot des Segens – *Alle:* Das Wort, das uns nährt zum ewigen Leben
Zelebrant: Jesus, du bist das Brot des Segens – *Alle:* Das Wort, das uns nährt zum ewigen Frieden
Oder:
Zelebrant: Jesus, das Brot – *Alle*: Das uns nährt zum ewigen Leben
Zelebrant: Jesus, das Brot – *Alle*: Das uns nährt zum ewigen Leben
Zelebrant: Jesus, das Brot – *Alle*: Das uns nährt zum ewigen Leben

Was Jesaja, der Prophet Israels, versprochen hat, sehen wir jetzt im heiligen Zeichen des Brotes und des Weines erfüllt:
„Gott wird an seinem Tag auf dem Berg Zion für alle Völker ein Festmahl geben, mit den feinsten Speisen und den besten Weinen. Er zerreißt auf diesem Berg die Hülle, die alle Nationen verhüllt, und die Decke, die alle Völker bedeckt. Er beseitigt den Tod für immer, und er wischt die Tränen ab von jedem Gesicht" (Jes 25,6–8).
Im Sakrament des Mahles sind wir verbunden mit Israel, dem Gott das Manna zu essen gab, im Frieden des Glaubens und in der Dankbarkeit für seine Treue zum erwählten Volk, die anhält bis heute. Wir beten um den Tag, an dem alle Religionen mit ihnen das Sakrament des Mahles essen.
Im Brot des Segens und im Becher des Bundes empfangen wir die Kraft, einander zu helfen bei der gerechten Verteilung der Lebensmittel in der Welt. Wir wollen die vielen Menschen nicht vergessen, die am leiblichen Hunger leiden und sterben.
Zelebrant: Am Tisch des Friedens sind wir heute um Jesus versammelt, der im Zeichen des Brotes und des Weines da ist. Ihm übergeben wir unsere Bitte um den Frieden, hier in unserer Gemeinschaft und überall auf der Welt. Dass wir in seinem Geist Heilung finden von der Lust an Gewalt und Streit. Er sei mit uns in seinem Wort, heute und alle Tage. – Gebt euch ein Zeichen des Friedens. Friedensgruß.
Einladung zur Kommunion. Der Zelebrant spricht keine leisen Gebete für sich allein. Es genügt, wenn er mit der Gemeinde andächtig ist.

Zelebrant: Kostet und seht, wie gut der Herr ist.
Alle: Herr, ich bin nicht würdig, dass du eingehst unter mein Dach, aber sprich nur ein Wort, so wird meine Seele gesund.
Nach der Austeilung des Sakramentes kann das Schlussgebet gesprochen und der Wochenkalender mitgeteilt werden. Es kann aber auch der folgende Segen gesprochen werden, abwechselnd vom Zelebranten und von der Gemeinde.

Einzelne sprachliche Änderungen:
Schott A: 401 – Zeile 9–18 von oben heißt es dreimal: „*Lamm* Gottes, du nimmst" usw. – dafür soll es heißen: „*Jesus*, du nimmst" usw.
Schott A: 402 – Zeile 6 von unten heißt es: „seht das *Lamm* Gottes" – dafür soll stehen: „*Seht Jesus*, der wegnimmt die Sünde der Welt." Oder 403 – Zeile 4 von oben: „Kostet und seht, wie gut der Herr ist."

Weg Segen

Gott
du bist die Weisheit des Weges,
bewege uns
Gott
du bist aller Anfang
höre nicht auf, mit uns zu beginnen
Gott
du bist der Unüberholbare
vollende uns
Gott
du bist das Zentrum
sammle uns
Gott
du bist das Brot auf dem Weg
nähre uns
Gott
du lenkst unsere Schritte

und wir sind sicher an deiner Hand.
So sprechen wir
im Namen des Vaters
im Namen des Sohnes
im Namen des Heiligen Geistes. Amen
Zelebrant: Geht hin in Frieden.
Alle: Dank sei Gott, dem Herrn.

Annas Brief

In freier und offener Rede werden in diesem E-Mail-Dialog mit einer 16-jährigen Schülerin auch umstrittene Fragen und heiße Eisen angepackt. Theologie ist, wo sie sich ihrer besten Traditionen besinnt, engagierte Auseinandersetzung mit den Fragen der Menschen in der Welt von heute. Nur dadurch könne der Glaube seine Kraft entfalten und seine Zukunftsfähigkeit sichern.

Das kam so. Anna, eine spontane, sich frischweg mitteilende Gymnasiastin aus dem Ort Garsten (Oberösterreich), setzte sich hin und schrieb dem Bischof von Linz, Ludwig Schwarz, einen Brief. Und wie es mit Briefen so ist, werden sie abgeschickt, um eine Antwort hervorzurufen. Auch Anna schrieb in dieser Erwartung. Da nun aber keinerlei Reaktion kam, haben Anna und ich beschlossen, die Korrespondenz auf unsere Schiene umzulegen. Wir wollten den Brief nicht als vergebliches Papier wegwerfen. Was Anna geschrieben hat, war es wert, gelesen zu werden, ein begrüßenswerter Anlass, dass wir, die Jungen und die Alten, ins Gespräch kommen. Die kirchliche Stubenluft ist zurzeit voll von Ermüdungsdepressionen und Verdrossenheit, da ist die junge Stimme schon als solche ein wohltuendes Signal. Vielleicht fliegt dem Bischof, der sicher viel Post zu erledigen hat, demnächst eine Brieftaube zu, das heiligengeistliche Tier, und gurrt ihm etwas ins Ohr von der Freude, die beantwortete Briefe anrichten, selbst wenn sie nur eine Zeile lang sind. Kocht Euch etwas Gutes!

Vorstellung

Ich heiße Anna Kamptner, bin 16 Jahre alt und wohne in Garsten in Oberösterreich. Ich gehe in die 6. Klasse eines Gymnasiums in Steyr und möchte später einmal etwas Naturwissenschaftliches studieren. Ich würde mich selbst als witzig, zielstrebig, intelligent, stur, ehrlich und unternehmungslustig beschreiben. In meiner Freizeit spiele ich Klavier und Saxophon, höre wahnsinnig gerne Musik, gehe laufen und bin, das muss ich zugeben, oft im Internet. Am liebsten aber treffe ich mich mit meinen Freundinnen und gehe samstagabends mit ihnen aus. Der Bezug zur Religion bzw. zur Kirche wurde mir mehr oder weniger in die Wiege gelegt, da meine Eltern beide Theologen sind. Ich war Ministrantin und bin in der katholischen Jungschar in Garsten Jungscharleiterin. Außerdem gehe ich von klein auf gerne in die Kirche, jetzt vielleicht nicht mehr so oft wie früher, aber für eine 16-Jährige doch nicht so selten. Und obwohl die Pfarre für mich ein Teil meines Lebens ist und ich mich dort auch immer recht wohl fühle, muss ich sagen, dass ich dem Glauben und vor allem der Kirche oft ziemlich kritisch gegenüberstehe.

Ich heiße Gottfried Bachl, bin 1932 geboren und wohne in Vöcklabruck, Bundesland OÖ. Meine 6. Klasse Gymnasium habe ich 1951 am Kollegium Petrinum in Urfahr verbracht. Nach der Matura habe ich zehn Jahre lang in Rom Theologie studiert, mit ein wenig Naturphilosophie am Rand. Mich beschreiben? Eine harte Sache mit fast 80 Lebensjahren. Ich seile mich vorsichtig an Annas Eigenschaften entlang: Von meinem Vater habe ich ein ziemlich deftiges Mundwerk geerbt, das sich auch für Witze eignet; zielstrebig wäre ich früher sehr gern gewesen und der Wunsch ist noch nicht erloschen; es gibt Leute, die mich gern für dumm halten möchten, aber ich bin stur genug, um diesen Befund verhindern zu können; da es nicht möglich ist, sich selbst zu belügen, muss ich wenigstens von diesem Punkt aus einen unverfälschten Blick auf meine Existenz werfen; Unternehmen, die mich lustig stimmen, mir Lust auf Durchführung machen: Die Gedichte des Horaz und 200 der besten Kurzgeschichten lesen, dazwischen unbedingt Nestroy, Radfahren, mit der Sense mähen, den Vögeln zuhören. Lustvertreibende Unterfangen: Bergsteigen, Gewissenserforschungen, Schach spielen, leider bin ich auf dem musikalischen Organ nur dürftig berührbar, die Orgel ist mir so fremd wie das Saxophon, ich höre aber sehr gern Musik und bin ein großer Bewunderer der Vögel, allen voran der Gartengrasmücke. Ob ich etwas *wahnsinnig* gern tue? In meinen jüngeren Jahren waren es die Bücher, über denen ich viel, viel Zeit verbracht habe, nun, da mein Leben zum großen Teil verflossen ist, wird mein Büchernarrentum immer wieder gebremst von der Frage, ob es sich noch lohnt, das und jenes Bestsellerwerk auf das Lesepult zu legen. Ich bin heikler geworden. Mein Fahrrad sattle ich noch immer gern. Internet? Ja, viel Internet, ich bin bis heute ein sehr wiss- und neugieriger Mensch. Da brauche ich noch viel mehr Selbstkontrolle. Auch auf die alten Tage kann man süchtig werden. Ich schätze sehr den Umgang mit den Freunden und Bekannten und bin herzlich froh, dass die Drähte mit meiner Pensionierung nicht gerissen sind. Es liegt mir nicht am Tratsch, ich stehe nicht gern an der Gerüchtevermehrungslatrine. Aber ernsthafte, freie, querfeldein führende Gespräche sind etwas Kostbares für mich, durch keine Unterhaltungsmaschine zu ersetzen. Der Bezug zur Religion lag nicht in meiner Wiege, jedenfalls nicht dem Beruf nach. Meine Eltern waren schlichte Mühlviertler Bauern, fromme und aufrichtige Leute. Ich kann mich erinnern, dass mein Bruder und ich sehr begabte Erfinder von allerlei Entschuldigungsbauchweh waren. Das ist immer pünktlich am Sonntagmorgen ausgebrochen, knapp vor dem Kirchgang. Meine Mutter hat das ganz cool durchschaut und heilte unsere Gebrechen mit scheußlich schmeckendem Wermuttee oder auch mit Geißmilch, deren intensives Aroma mir heute noch durch die Nase streicht. Ich bin schließlich zum Priester geweiht worden. Und wenn ich heute einen aufrichtigen Blick in meine Seele werfe, sehe ich, dass zu meinem Glauben immer ein gehöriges Stück Kritik gehört hat. Blind sein will ich in keine Richtung, auch nicht zu Gott hin.

Annas Brief an den Bischof

Lieber Herr Bischof Ludwig!
Oft würde ich mir wünschen, dass mehr Jugendliche und junge Erwachsene in die Kirche gehen und sich für die Kirche engagieren. Ich bin mir sicher, dass ich mit diesem Wunsch nicht alleine bin. Es wäre doch wirk-

lich schön! Das Feiern der Messen wäre viel belebter und man bräuchte sich nicht mehr so viele Sorgen um die Zukunft der Kirche machen.
Doch manchmal denke ich mir: Kein Wunder, dass die Kirche für junge Leute nicht attraktiv ist, denn es fehlt ihr so einiges! Unsere Kirche braucht Lebendigkeit, neue Ideen und Veränderungen! Ich bin selbst Ministrantin und gehe gerne in die Kirche. Ich bin außerdem in der katholischen Jungschar als Jungscharleiterin tätig. Doch oft scheint mir, dass es einfach fast keine Anhaltspunkte für junge Leute in der katholischen Kirche gibt. Alles ist so veraltet, es entspricht einfach nicht unserer Zeit! Die Kirche muss „auf Zack" sein, sie muss mit der Zeit mitgehen! Wenn sich nicht bald etwas ändert, dann werden die Kirchenbesucher immer weniger und weniger!
Viele Freunde und Bekannte von mir würden ganz sicher in die Kirche gehen und auch Freude daran haben, wenn sie offener wäre. Die Kirche ist ihnen zu konservativ und zu einspurig. Die Vorsätze der Kirche sind schlicht und einfach zu altertümlich!
Ein anderer Punkt, warum viele junge Leute von der Kirche nicht viel halten, ist die Einstellung den Frauen gegenüber! Auch ich verstehe die Kirche in diesen Angelegenheiten ganz und gar nicht! Warum dürfen Frauen nicht Priesterinnen werden? Meiner Meinung nach gibt es keinen einzigen vernünftigen Grund dafür! Was hier wiederum eine Rolle spielt, ist die Angst der Kirche vor Veränderung! Doch wieso? Veränderung ist nicht gleich Vollendung, Veränderung ist Fortschritt!
Herr Bischof, ich möchte Sie von ganzem Herzen bitten, sich für den Fortschritt der Kirche einzusetzen! Sie, als Leiter der Diözese Linz, können vieles bewirken. Ich wäre Ihnen auch sehr, sehr dankbar, wenn Sie sich für die Jugend und für Neues, zumindest in unserer Diözese, einsetzen würden! Vielleicht ist Ihnen gar nicht bewusst, wie viele Kirchenmitglieder Sie begeistern könnten, wenn Sie für Erneuerungen eintreten würden! Es muss dringend etwas unternommen werden, denn ich weiß nicht, wo die Kirche sonst noch endet!
Nehmen Sie sich das bitte zu Herzen!

Mit freundlichen Grüßen
Anna Kamptner (16 Jahre)

Bachls Fragen an Anna

Bachl 1): *Warum schreibst Du dem Bischof einen Brief?*
Anna: Da ich von Grund auf alles hinterfrage, stelle ich natürlich besonders oft die Kirche in Frage. Denn mit ihren zahlreichen verrückten Aktionen macht sie sich ja bekanntlich nicht viele Freunde. Bischof Ludwig ist ja sozusagen der Vertreter der katholischen Kirche für Oberösterreich. Meiner Meinung nach sollte er also einer sein, der den Glauben modern und überzeugend vorlebt. Er sollte sich außerdem beim Papst für Neuerungen einsetzen und ihn nicht in seinen vielen absurden Ideen und Aussagen unterstützen. Leider gibt aber auch unser Bischof Ludwig des Öfteren Aussagen von sich, die ich überhaupt nicht verstehen kann und die besonders für die junge Generation eine ziemlich abstoßende Wirkung haben. Um ihn darauf aufmerksam zu machen, dass die Kirche am falschen Weg ist und, wenn sie so weitermacht, nur Mitglieder (besonders die jungen) verliert, anstatt sie zu gewinnen, habe ich Bischof Ludwig einen Brief geschrieben. Ich wollte ihm damit zeigen, dass er schleunigst etwas unternehmen und verändern muss, denn die derzeitige Art der obersten Vertreter der katholischen Kirche, Glaube zu vermitteln, ist meiner Meinung nach einfach furchtbar.

Bachl 2): *Mein Eindruck beim Lesen des Briefes: Den jungen Leuten Deiner Generation kommt die Kirche alt und ausgeleiert vor. Worin bestehen konkret diese „Alterserscheinungen"?*
Anna: Die „Alterserscheinungen" der Kirche, also dass sie den jungen Leuten alt und ausgeleiert vorkommt, bestehen für mich vor allem in den Aussagen vieler Kirchenvertreter. Um ein Beispiel zu nennen: Papst Benedikt XVI. verbietet Sex vor der Ehe und die Verwendung von Kondomen. Wenn ein junger Mensch so etwas hört, dann denkt er sich einfach nur, ich sage es ganz ehrlich, dass der Papst wahnsinnig ist. Denn diese Ansichten sind in der heutigen Zeit einfach völlig fehl am Platz. Ohne Kondome würde sich zum Beispiel Aids noch viel mehr verbreiten, als es sich sowieso schon verbreitet. Ein weiterer Grund für diese Alterserscheinung ist für mich die Art der Messen und Gottesdienste. Na-

türlich gibt es Pfarren, in denen die Messen super gestaltet werden. Aber leider gibt es auch viel zu viele, in denen man als junger Mensch einfach nur Bahnhof versteht. Es steht irgendein alter Mann vorne, spricht unverständliche Gebete in veralteter Sprache und es werden Lieder gesungen, die traurige Stimmung hervorrufen. Wenn ich sage, irgendein alter Mann, dann ist das überhaupt keine Diskriminierung gegenüber alten Menschen. Ich will nur zeigen, dass die Kirche mehr Elan braucht und es einfach einige alte Priester gibt, die diesen nicht mehr vermitteln können. Die Kirche braucht mehr junge Mitarbeiter und modernere Gebete und Lieder! Und ein weiterer wichtiger Grund der Alterserscheinung sind die Minderwertigkeit der Frauen in der Kirche und der Zölibat. In diesem Punkt könnte ich mich grün und blau ärgern, denn es gibt nichts, das Frauen im Amt des Priesters schlechter als Männer oder gar nicht erfüllen könnten. Warum dürfen sie dann nicht zur Priesterin geweiht werden? Und warum dürfen Priester nicht heiraten und eine Familie gründen? Das alles entspricht einfach nicht unserer Zeit!

Bachl 3): *Was muss geschehen, dass sich das Gefühl einstellt: Ja, unsere Kirche ist „auf Zack“?*
Anna: Es müssten, wie oben schon erwähnt, die Messen moderner gestaltet, das heißt, viele Gebete und Lieder erneuert werden. Die Gottesdienste müssten belebter und lockerer sein, denn wo Frömmigkeit und Strenge vorhanden sind, halten sich junge Leute äußerst ungern auf. Außerdem braucht die Kirche nicht nur mehr junge Mitarbeiter, vor allem Priester, sondern auch jüngere und modernere oberste Kirchenvertreter. Ein Papst, der bei der Osterrede mit einem dunkelroten, pelzbestickten Umhang, mit Hirtenstab und Co auf einem prunkvollen Thron sitzt und von allen Seiten bedient und als „Heiliger Vater“ bezeichnet wird, wird nie fähig sein zu vermitteln, dass die Kirche „auf Zack“ ist.

Bachl 4): *Von älteren Leuten ist heute oft das Urteil zu hören: „Die Jugend will nur Spaß haben. Das ist aber zu wenig für ein ernsthaftes Leben.“ Wie stehst Du zu dieser Meinung?*
Anna: Natürlich wollen wir Jugendlichen Spaß haben, und es stimmt möglicherweise auch, dass dieses Verlangen nach Spaß ein

bisschen größer ist, als es bei denen war, die heute ältere Menschen sind. Doch meiner Meinung nach liegt das nicht an den Jugendlichen, sondern vor allem an der Zeit und der Gesellschaft. Heutzutage gibt es mehr Möglichkeiten für junge Leute, etwas zu unternehmen, außerdem werden Kinder und Jugendliche in der Gesellschaft generell mehr beachtet als früher. Viele alte Menschen waren außerdem jung, als noch Krieg war. Es ist schlimm, Krieg und Armut zu erleben, und ich denke, dass man dadurch noch ernsthafter wird und das Leben anders sieht. Doch wir Jugendlichen haben so etwas nicht erlebt, Krieg ist für uns etwas, von dem man im Geschichtsunterricht lernt. Diese Art der heutigen Jugend, alles ein bisschen lockerer zu nehmen, kommt aber auch von der Erziehung der Eltern. Die heutige Erziehung ist schlicht und einfach nicht mehr so streng und manche Eltern verlangen von ihren Kindern zum Beispiel nicht mehr so viel Mithilfe im Haushalt. Es ist ganz klar, dass es besser wäre, wenn allen jungen Menschen gelernt werden würde, mitzuhelfen. Doch das wiederum liegt an den Eltern und eine „gsunde Watschn", wie sie früher üblich war, ist genauso wenig eine gute Erziehungsmethode. Grundsätzlich kann ich dieser Meinung also nicht Recht geben, denn der Großteil der heutigen Jugend weiß sehr wohl, dass das Leben ernst zu nehmen ist und jeder Mensch eine gewisse Verantwortung übernehmen muss. Außerdem glaube ich, dass viele ältere Menschen in ihrer Jugend ebenso Spaß haben wollten und gar nicht einmal so wenig Unfug getrieben haben.

Bachl 5): *Sollte die Liturgie in der Kirche mehr Unterhaltung bringen?*
Anna: Meine Antwort: Ja! Ich finde, dass die Liturgie zu wenig lebendig ist. Es gehört etwas Frische und Spritzigkeit hinein. Manche Teile der Liturgie verbreiten für mich trübe Stimmung, doch Liturgie sollte doch genau das Gegenteil bewirken. Natürlich liegt es auch immer an den einzelnen gestaltenden Personen, ob die Liturgie unterhaltsamer ist oder nicht. Aber grundsätzlich benötigt sie mehr Unterhaltsamkeit, damit sie auch für die jungen Menschen ansprechend ist. Es ist klar, dass zur Liturgie auch Stille und Ruhe gehören und sie auch immer vom Land, von der Kultur und den verschiedenen Traditionen ab-

hängt. Aber ich denke mir, dass sich die katholische Kirche in Österreich zumindest eine Spur von belebten afrikanischen Gottesdiensten oder amerikanischen Gospelmessen abschauen könnte.

Bachl 6): *Würdest Du Dich zur Priesterin weihen lassen, wenn sich die Gesetze ändern, und worin würdest Du Deine primäre Aufgabe sehen?*
Anna: Wenn ich ehrlich bin, dann würde ich mich auch nicht zur Priesterin weihen lassen, wenn sich die Gesetze ändern. Das liegt aber daran, dass ich mich wahnsinnig für die Naturwissenschaft interessiere und einfach beruflich einmal eine andere Richtung einschlagen möchte. Ein weiterer Grund ist dieses Zitat (zu meinen Eltern, die darauf lachen mussten): „Ein Theologiestudium wäre mir viel zu unsicher, weil was, wenn es Gott doch nicht gibt? Dann hab ich mein ganzes Leben vertan!“ Wenn ich mir aber vorstelle, Priesterin zu werden, dann würde ich meine Aufgabe vor allem darin sehen, den Menschen den Glauben an Gott positiv zu übermitteln und ihnen zu zeigen, dass er eine Quelle der Kraft ist.

Bachl 7): *Man spürt im Brief, dass Du in der christlichen Religion eine Quelle der Freude siehst – kannst Du die froh machenden Momente nennen?*
Anna: Froh machende Momente in meiner Pfarre sind für mich zum Beispiel die Mette zu Weihnachten, die Messe in der Osternacht und Gottesdienste, in denen moderne Lieder gesungen werden. Zu solchen Zeitpunkten gehe ich richtig gerne in die Kirche. Froh machend sind außerdem die Jungscharstunden, in denen ich immer wieder von meinen Jungscharkindern begeistert bin. Und auch zu Weihnachten, wenn ich gemeinsam mit meiner Familie vor dem Christbaum sitze und bete, empfinde ich die christliche Religion als froh machend. Eine wieder komplett andere Quelle der Freude in der christlichen Religion ist für mich Taizé. Ich war bis jetzt drei Mal dort und finde es faszinierend, wie friedlich und lebendig zugleich man gemeinsam (trotz verschiedener Religionen) feiern bzw. glauben kann. Wenn ich anhand von Taizé sehe, dass es funktioniert und dass dort Alt und Jung vom Glauben begeistert sind, dann frage ich mich immer, wieso die Obersten der ka-

tholischen Kirche so etwas nicht einmal annähernd zusammenbringen.

Bachl 8): *Was alles spricht eher dafür, in die Kirche einzutreten als auszutreten?*
Anna: Generell dafür sprechen zum Beispiel die Kraft, die man aus dem Glauben schöpfen kann, schöne Gottesdienste, gute Pfarren, Vereine wie die Jungschar und die Gemeinschaft von lieben Leuten. Ich denke, dass viele Menschen aus der Kirche austreten, weil sie mit einem „Verein", in dem so viel falsch läuft und dessen öffentliche Vertreter so viel Irrwitziges verbreiten, nichts zu tun haben wollen. Ich verstehe das sehr gut und muss ehrlich sagen, wenn ich nicht selbst durch meine Eltern den Glauben an Gott so positiv erleben würde und nicht in einer moderneren Pfarre mit vielen jungen Leuten und neuen Ideen wäre, würde ich nach so vielen verrückten Ereignissen und Aussagen vielleicht auch irgendwann aus der Kirche austreten. Aber denen, die ausgetreten sind oder austreten wollen, würde ich wünschen, dass sie einmal einen tollen Gottesdienst in einer guten Pfarre erleben und sehen, dass der Papst nicht gleich Glaube ist und Glaube auch schön sein kann.

Annas Fragen an Bachl

Anna 1): *Warum, denken Sie, wurde bis jetzt noch nicht durchgesetzt, dass Frauen sich zur Priesterin weihen lassen können? – Glauben Sie, dass es irgendwann noch möglich sein wird?*
Bachl: Ich bin überzeugt, dass diese Schranke eines Tages fallen wird. Wahrscheinlich wird aber bis dahin noch eine erhebliche Zahl von Päpsten in das vatikanische Gras beißen. Die theologische Erschließung der christlichen Tradition hat mit großer Deutlichkeit gezeigt, dass es keinen religiösen, sachlichen Grund gibt, der die Frauen vom Priesteramt ausschließt. Die römische Erklärung über die Zulassung der Frauen zum Priesteramt nennt ein einziges Argument: „Die Kirche hält sich aus Treue zum Vorbild ihres Herrn für nicht dazu berechtigt,

die Frauen zur Priesterweihe zuzulassen." Es hat sich inzwischen auch in Kreisen der Bischöfe wenigstens hinter vorgehaltener Hand herumgesprochen, dass dieses Motiv nicht viel wert ist. Hielte man sich heute in voller Konsequenz an diese Regel, müsste vieles in der gegenwärtigen Praxis der Kirche aufgegeben werden. Ich will jetzt gar nicht aufzählen, was alles die Kirche heute tut, obwohl es Jesus nicht getan hat. Es könnte zum Beispiel nur jüdische Päpste geben und gewiss keinen Pontifex aus Bayern. Die Treue zu Christus kann und muss zuweilen auch darin bestehen, dass die Formen und Gewohnheiten verändert werden, um dem Evangelium den Weg zu machen.

Anna 2): *Finden Sie als Priester, dass der Zölibat eine gute Sache ist? Warum konnte dieser ebenfalls noch nicht abgeschafft werden?*
Bachl: Ich bin nicht der Meinung, dass man den Pflichtzölibat abschaffen solle, aber es ist zu überlegen, ob es nicht spirituell, organisatorisch, theologisch, psychologisch angebracht wäre, die Wahl des Lebensstandes freizugeben. Das sollte man tun. Es ist nicht wahr, dass der Zölibat als Lebensform eine Krankheit ist und im Klerus notwendig Neurotiker herangezogen werden. Das Böse und die Dummheit sind mit Sicherheit weder auf dem Weg des Zölibats noch auf dem Weg der Ehe zu vermeiden.

Anna 3): *Gibt es eine Erklärung für die Verhaltensweisen von Papst und Bischöfen (Hl. Vater-Anrede, Hirtenstab, „Thron", Verhalten des Mächtigen usw.), die Jesus wahrscheinlich genau nicht gewollt hätte?*
Bachl: In der ganzen Welt gibt es Eitelkeiten und die Gelegenheit, darüber zu lachen.

Anna 4): *Worin sehen Sie Ihre Aufgabe als Priester?*
Bachl: Mit den Zeitgenossen Gott erkunden, die Gottesgeschichte mit Jesus nicht nur lesen, auch heute erleben, beten, glauben, mit sein, in Koexistenz leben und wach werden. Ich bringe den Menschen nicht Gott erst in die Welt; Gott ist da, und für dieses Dasein suche ich Worte und Zeichen. Die Welt redet laut genug vom Mysterium. Das will ich nicht überhören.

Anna 5): *Gibt es einen Grund dafür, dass in der katholischen Kirche vor allem die Erzkonservativen an den obersten Stellen sind?*
Bachl: Ich schreibe Dir meine Vermutungen her, mehr, also eine tragfähige Theorie, ist mir im Augenblick nicht bekannt.
Du verwendest das Wort „erzkonservativ", und ich höre irgendwie im Unterton, dass Du damit eine vorwiegend negative Eigenschaft bezeichnen willst, im Sinn von stur, eng, wirklichkeitsfremd, vorgestrig orientiert, blind für die Notwendigkeiten der Gegenwart. Der Ausdruck „konservativ" aber bedeutet bewahren, an einer gewonnenen Erkenntnis festhalten, eine Wahrheit über den Lauf der Zeit hinweg praktisch glauben. Die moderne Kultur, in der wir leben, ist in Bezug auf die Menschenrechte konservativ und wehrt sich auch mit den Mitteln der Gesetzgebung gegen die Auflösung der humanen Grundsätze durch eine rücksichtslose Machtpolitik. In diesem Sinn muss ich als Glaubender auch ein Bewahrender sein. Wenn ich mit Jesus zu tun haben will, wenn er Wegweiser sein soll für mein Leben, bin ich darauf angewiesen, dass er mir bekannt bleibt, nicht beliebig gegen andere Gestalten vertauscht wird oder überhaupt aus unserem Gedächtnis verschwindet. Die Treue zur Hauptgestalt des Christentums kann es nicht zulassen, dass ihm ein Programm unterstellt wird, das ihm fremd ist, z. B. Aktionen der Gewalt oder die Verdrängung seiner ganz ungewöhnlichen Beziehung zu Gott.
Du sprichst aber von *Erz*konservativen und berührst damit den möglichen negativen Aspekt an der konservativen Haltung. Erz ist etwas Starres, Hartes, Unbewegliches, und wo der Glaube davon infiziert wird, kann vieles versäumt werden, zum Beispiel die rechtzeitige Änderung von Gesetzen und Gewohnheiten, die Aufmerksamkeit auf alles, was in der heutigen Situation wichtig ist, besonders auch die Sprache. Ich habe das Gefühl, dass in diesem Zusammenhang die Angst eine große Rolle spielt. In der gesprächsbereiten Haltung sehen viele eine große Gefahr auf den christlichen Glauben zukommen. Daher wird das führende Personal in der Kirche in entsprechender Weise ausgesucht, und es drängt auch ein bestimmter Menschentypus in die bischöflichen Positionen, der in der Kirche eher die Konserve des Glaubens, nicht dessen lebendig bewegte Zel-

le sieht. Das Greisenalter der Päpste und der Kardinäle steht in einem seltsamen Kontrast zum *jungen Jesus,* der mit gut dreißig Jahren sein Werk getan hatte. Man scheint sich eher an den symbolischen Lebenszeiten der biblischen Ur- und Erzväter zu orientieren, von denen das Buch Genesis berichtet, sie seien an die tausend Jahre alt geworden wie der Patriarch Metuschelach. Ich will die Frage des Alters nicht zum entscheidenden Problem erheben, weil sich nach aller Erfahrung Weisheit und Dummheit in allen Lebensphasen ereignen können. Ein Schub Verjüngung in der Kirche unten und oben könnte nicht schaden. Der Heilige Geist, denke ich manchmal, könnte es doch auch mit Frauen und Männern jüngeren Datums versuchen, da es doch mit Jesus ganz gut gelaufen ist.

Anna 6): *Woher kommt die Meinung mancher älterer Leute, dass die Jugend nur Spaß haben will und nicht vernünftig genug ist?*
Bachl: Ich habe den Eindruck, dass diese Meinung ein konstantes, immer wieder laut werdendes Urteil im Streit der Generationen ist. So gab es im antiken Rom den Spruch: „sexagenarios de ponte!“, zu Deutsch: „Werft die 60-Jährigen von der Brücke (in den Tiber)!“ Den Jungen kommen die älteren Jahrgänge bald verzopft vor, die kein Vergnügen zulassen wollen. Die reiferen Leute haben den Eindruck, die Jugend wisse nichts vom Ernst des Lebens und wolle auch gar nichts wissen. Der Wert solcher Pauschalurteile dürfte nicht sehr hoch liegen. Es ist allemal besser, sich redlich auf die Erfahrung einzulassen und im Dialog des Lebens voneinander zu lernen. Das kann gewiss keine Einbahn sein. Als ob nur von den Älteren Erkenntnis ausginge. Vielleicht ist auch zu beachten, dass die ältere Generation die harten Jahre des Wiederaufbaus nach dem Zweiten Weltkrieg erlebt hat und nun geneigt ist, die heutige Jugend an dem hohen Maß an Einsatz und Disziplin zu messen, das damals aufgebracht wurde. Ich meine, jede Zeit hat ihre Versuchungen und ihre Gewinne, und es kann durchaus sein, dass ein leichteres, konsumreiches Leben das schwerere ist, weil weniger leitende Vorgaben zu finden sind und das Ausweichen in lebensgefährlichen Leichtsinn näher liegt. Manchmal denke ich, die weltbeherrschende Macht der Dummheit übe ihr Regime in beiden Gehirnen aus, in den

alten wie in den jungen. Der Umgang, den ich nun so viele Jahre mit mir selbst habe, legt mir diesen Eindruck sehr nahe.

Anna 7): *Welchen Grund sieht der Papst, z. B. Sex vor der Ehe und Kondome zu verbieten?*

Bachl: Zur Frage *Sex vor der Ehe?:* Im Katechismus der Katholischen Kirche, an dessen Entstehung Papst Benedikt XVI. als Kardinal und Chef der Glaubenskongregation maßgeblich mitgewirkt hat, wird zu den außerehelichen und vorehelichen Verhältnissen Folgendes festgelegt: „Der Ausdruck ‚Verhältnis' bezeichnet unterschiedliche Situationen: Konkubinat, Ablehnung der Ehe als solcher und die Unfähigkeit, sich durch langfristige Verpflichtungen zu binden. Alle diese Situationen verletzen die Würde der Ehe. Sie zerstören den Grundgedanken der Familie. Sie schwächen den Sinn für Treue. Sie verstoßen gegen das moralische Gesetz: Der Geschlechtsakt darf ausschließlich in der Ehe stattfinden; außerhalb der Ehe ist er stets eine schwere Sünde und schließt vom Empfang der Heiligen Kommunion aus. – Manche, die zu heiraten beabsichtigen, beanspruchen heute eine Art Versuchsrecht. Wenn auch der Wille zur Heirat fest ist, besteht doch die Tatsache, dass verfrühte geschlechtliche Beziehungen keineswegs die Aufrichtigkeit und die Treue der zwischenmenschlichen Beziehungen von Mann und Frau zu gewährleisten noch sie vor allem gegen Laune und Begierlichkeit zu schützen vermögen. Die leibliche Vereinigung ist nur dann moralisch zu rechtfertigen, wenn zwischen dem Mann und der Frau eine endgültige Lebensgemeinschaft gegründet worden ist. Die menschliche Liebe lässt den bloßen Versuch nicht zu. Sie verlangt eine endgültige und ganze gegenseitige Hingabe der beiden Partner" (Nr. 2390 f). – Zu den Kondomen heißt es im selben Katechismus: „Die Empfängnisregelung stellt einen der Aspekte verantwortlicher Elternschaft dar. Auch wenn die Absicht der beiden Gatten gut ist, sind sie doch nicht berechtigt, sich sittlich unzulässiger Mittel zu bedienen (z. B. direkte Sterilisation oder Verhütungsmittel)" (Nr. 2399). Diesem Verbot liegt die Auffassung zugrunde, es sei nicht erlaubt, mit künstlichen Mitteln in den natürlichen Ablauf der geschlechtlichen Vorgänge einzugreifen. So weit die offizielle kirchliche Lehre – Du willst aber meine persönliche Meinung dazu erfahren. Ich muss dazu keine lange Epistel schreiben, es genügen drei Sätze.

Erstens: Wie Jesus sich in Fragen der Sexualität sehr zurückgehalten hat, soll die Kirche ihre geistliche Autorität für das Gelingen der erotischen Lebensform sparsam ins Spiel bringen.

Zweitens: Unter den heutigen Bedingungen des menschlichen Lebens ist es nicht weiter sinnvoll und geboten, den Geschlechtsakt auf die Ehe zu beschränken, denn es geht nicht nur um die Fortpflanzung, sondern auch um die Lust gemeinsamen Lebens.

Drittens: Da der Heilige Geist in diesem Sinn auch in den verheirateten Leuten wirkt, kann getrost ihrer gewissenhaften Entscheidung überlassen bleiben, welche Mittel der Empfängnisverhütung sie anwenden.

Anna 8): *Ist jemand wie Pfarrer Gerhard Wagner, der Aussagen tätigt wie: „Das Erdbeben in Haiti kommt vom Voodoo-Glauben, der dort weit verbreitet ist", Ihrer Meinung nach psychisch beeinträchtigt? Wenn nicht, ist das nicht ein komplett anderes Glaubensbild als das der meisten Katholiken?*

Bachl: Den seelischen Zustand des Pfarrers will ich hier nicht beurteilen. Es sind nicht die stärksten Argumente, die aus dem Gefühl entstehen, jemand habe eine verrückte Meinung vertreten. Nun hat ja der geistliche Mann in Windischgarsten eine zusätzliche Deutungsaufgabe erhalten. Wie soll man die Tätigkeit des rabiaten Vulkans auf Island verstehen? Gibt es dort zu viele Protestanten oder gar alte Wotangläubige, die das brodelnde Unheil herabrufen? Haben wir die Pflicht, alle Katastrophenfälle, die es in der Welt gibt, als eine Strafe Gottes anzusehen, und können wir wissen, was Gott damit konkret bestrafen will? Die Theologie hat im Lauf der Zeit gelernt, mit diesen Fragen vorsichtig umzugehen, wie Armin Kreiner in seinem hilfreichen und klärenden Buch *Gott im Leid* (Herder Verlag). Der Theologe spricht vom Umbruch im neuzeitlichen Weltverständnis, der im Gefolge der naturwissenschaftlichen Revolution im 16. und 17. Jahrhundert stattgefunden hat. Nach Kreiner kann die Diskussion über naturwissenschaftliches und religiöses Weltbild „nicht mehr um die Frage kreisen, warum Gott dieses oder jenes natürliche Ereignis bewirkt, wie z. B. Krankheiten,

Seuchen, Erdbeben, Überschwemmungen usw., sondern nur um die Frage, warum er eine Welt erschaffen hat, in der genau jene Naturgesetze gültig sind, die unter anderem auch derartige leidvolle Ereignisse verursachen“ (331). „Eine Konsequenz dieses epochalen Umbruchs besteht darin, dass kein Anlass mehr dazu besteht, beispielsweise eine Flutkatastrophe als intentionales (= direkt absichtliches) Handeln Gottes zu erklären, z. B. als göttliche Bestrafung der Opfer. Als Wirkung bestimmter Naturgesetze, die auf Grund der Ausgangsbedingungen unmittelbar zu einer Katastrophe führten, ist diese grundsätzlich restlos erklärbar“ (332). „Es ist überflüssig, diese Ereignisse darüber hinaus noch als direkt oder unmittelbar von Gott intendierte und verursachte zu betrachten. Nicht Gott schickt den Menschen Krebserkrankungen, sondern die radioaktiven Strahlen oder mutagenen Substanzen. Nicht Gott ‚bringt‘ ein Flugzeug auf den falschen Kurs, sondern der Bordcomputer oder der Pilot“ (333). So stellen sich in der heutigen Lage der Dinge zwei Fragen: (1) „Warum hat Gott eine Welt geschaffen, in der hauptsächlich Naturgesetze den Ereignisablauf kontrollieren, nicht aber sein direkter Wille?“ (2) „Warum gelten in einer von Gott erschaffenen Welt gerade diese leiderzeugenden Naturgesetze und keine anderen – besseren?“

Anna 9): *Ist es Ihrer Meinung nach möglich, dass die Liturgie in der Kirche in Zukunft belebter ist bzw. unterhaltsamer?*
Bachl: Ich langweile mich gar nicht gern, aber es gibt Dinge, die es wert sind, dass man um ihretwillen Langeweile erträgt, z. B. Vokabellernen, damit man halbwegs flüssig sprechen kann. Es fällt mir unter dem Kreuz, an dem Jesus aufgehängt wurde, nicht ganz leicht, mich unterhalten zu lassen. Wie soll das aussehen? Mir gefällt aber zu dieser Frage Deine Unterscheidung von *belebt sein* und *unterhaltsam sein.* Mit einer großen Geschichte sollte man nicht fad umgehen und nicht die altgewohnte Jesusleier drehen. Es lohnt sich allemal, die belebende Wirkung in dem brennenden Menschen aus Galiläa zu entdecken. Da darf man schon die Phantasie spielen lassen und den großen Atem aus der Lunge holen. Die Bibel ist ein gewaltiges Libretto, und für den Umgang mit diesem Buch gilt, was für alle großen Bücher zutrifft: Wer sich am Don

Quichote langweilt, sollte bei Gelegenheit einmal fünf Minuten über seine Lesefähigkeit nachdenken.

postskriptum

seltsam, sagt mein hausverstand,
da gibt es mann und frau,
doch manche wollen nur die hälfte

seltsam, sagt mein hausverstand,
die frauen sind viel früher dran am leeren grab,
doch männlich wird der schluss daraus gezogen

seltsam, sagt mein hausverstand,
vom himmel fällt das goldene brot,
und wichtig ist den päpsten die befugnis

seltsam, sagt mein hausverstand,
der rabbi läuft mit frauen durch die gegend,
die kathedralen aber dunsten männlich her

seltsam, sagt mein hausverstand,
der geist bewohnt so frau und mann,
doch mannsorakel sagt allein,
wer wie und was wo darf